MARCO POLO

Kroatische Küste
Dalmatien

Reisen mit Insider Tipps

Diesen Führer schrieb Susanne Sachau,
freie Journalistin aus Hamburg
mit Schwerpunkt Südosteuropa.

marcopolo.de

Die aktuellsten Insider-Tipps finden Sie unter
www.marcopolo.de, siehe auch Seite 104

MAIRS GEOGRAPHISCHER VERLAG

SYMBOLE

Insider Tipp **MARCO POLO INSIDER-TIPPS:**
Von unserer Autorin für Sie entdeckt

★ **MARCO POLO HIGHLIGHTS:**
Alles, was Sie an der Kroatischen Küste kennen sollten

HIER HABEN SIE EINE SCHÖNE AUSSICHT

WO SIE JUNGE LEUTE TREFFEN

PREISKATEGORIEN

Hotels	
€€€	über 100 Euro
€€	50–100 Euro
€	unter 50 Euro

Die Preise gelten für zwei Personen im Doppelzimmer mit Frühstück pro Nacht im Juli und August. Günstiger in der Vor- und Nachsaison.

Restaurants	
€€€	über 25 Euro
€€	16–25 Euro
€	unter 16 Euro

Die Preise beziehen sich auf ein für das jeweilige Lokal typisches Menü mit Vorspeise, Hauptgericht, Nachtisch und Getränk.

KARTEN

[114 A1] Seitenzahlen und Koordinaten für den Reiseatlas Kroatische Küste

Karten zu Dubrovnik, Split, Trogir und Zadar finden sie im hinteren Umschlag.

Zu Ihrer Orientierung sind auch die Orte mit Koordinaten versehen, die nicht im Reiseatlas eingetragen sind.

GUT ZU WISSEN

INHALT

Die wichtigsten MARCO POLO Highlights

Sehenswürdigkeiten, Orte und Erlebnisse, die Sie nicht verpassen sollten

1. **Sommerfestspiele in Dubrovnik**
Hochkarätiger Kunstgenuss in der historischen Kulisse der Altstadt hat das Festival weltbekannt gemacht (Seite 25)

2. **Sinjska alka in Sinj**
Seit 1715 werden die Ritterspiele in Originalkostümen zur Erinnerung an den Sieg über die Türken gefeiert (Seite 25)

3. **Panoramastraße auf Dugi otok**
Herrliche Ausblicke aufs Meer und tiefe Einblicke in die Landschaft der Insel eröffnen sich nach jeder Kurve neu (Seite 30)

4. **Altstadt von Zadar**
In den engen Gassen der alten Metropole prägt mediterrane Lebensart die Atmosphäre (Seite 35)

5. **Sv. Jakov in Šibenik**
Die Basilika gilt als herausragendes Kunstwerk im denkmalgeschützten Stadtensemble (Seite 42)

6. **Zlatni rat auf Brač**
Dalmatiens meistfotografierter Badestrand verändert ständig seine Form (Seite 48)

7. **Hvar**
Wo früher die Galeeren überwinterten, legen heute Kreuzfahrtschiffe aus aller Welt an (Seite 53)

Weltoffen: Hafen von Dubrovnik

Historisch: Diokletianpalast in Split

8 Brela
Schneeweiße Kiesel, türkisfarbenes Wasser und sattes Piniengrün prägen in Brela das typische Bild der Makarska Riviera (Seite 58)

9 Diokletianpalast in Split
Kaffee unter dem Sonnenschirm: Split lebt in und mit seiner antiken römischen Palastanlage (Seite 62)

10 Restaurant Nostromo
Galerist Zlatko Marinovich serviert Fischdelikatessen am Fischmarkt von Split (Seite 63)

11 Blaue Grotte von Biševo
Sonnenstrahlen, die durch das Wasser in die Höhle dringen, entfachen um die Mittagszeit ein magisches blaues Licht (Seite 67)

12 Altstadt von Dubrovnik
Das Glanzlicht des Mittelalters, der Hort der Kunst und Kultur, nimmt sich heute die Freiheit, auch touristischer Rummelplatz zu sein (Seite 72)

Einzigartig: Krka-Wasserfälle

13 Stadt Korčula
Die Geburtsstadt Marco Polos pflegt mit dem Ritterspiel Moreška uralte Traditionen (Seite 78)

14 Kornati-Archipel
Tränen der Adria werden die fast kahlen, buckelförmigen Eilande weit draußen im blauen Meer genannt (Seite 89)

15 Nationalpark Krka
Die Krka staut ihr stilles Wasser, durchbricht tiefe Schluchten und stürzt sich schäumend über Kalkterrassen (Seite 90)

★ Die Highlights sind in der Karte auf dem hinteren Umschlag eingetragen

Entdecken Sie die Kroatische Küste!

Vor der Kulisse imposanter Bergketten halten sich Wasser und Land eng umschlungen

Wenn du den Finger ins Meer tauchst, bist du mit der ganzen Welt verbunden *(Kad staviš prst u more povezan si s cijelim svijetom)*. Diese alte dalmatinische Volksweisheit in kroatischer Sprache lebt noch heute im alltäglichen Sprachgebrauch der Küsten- und Inselbewohner auf der Ostseite der Adria. Sie resümiert und symbolisiert das Lebensgefühl der dalmatinischen Bevölkerung, ihre in leidenschaftlicher Liebe zur Heimat verankerte Weltoffenheit. Wo man so denkt und fühlt, ist das kostbare Juwel Gastfreundschaft eine Selbstverständlichkeit im Umgang miteinander. In Dalmatien verdeutlicht das eine überall gebräuchliche, zwanglose Tischsitte, die der Besucher kennen sollte: Das erste Glas Wein wird ihm eingeschenkt, der Teller mit Speisen gefüllt. Dann erwarten die Gastgeber, dass sich jedermann an der Tafel selbst bedient, denn in Dalmatien gilt: »Alles, was auf dem Tisch steht, ist für alle da.«

Weiße Kieselstrandbuchten sind das Merkmal der Makarska Riviera

Frisches Gemüse am Straßenrand

Azur, Smaragd, Tannengrün und Felsengrau, das sind die konstanten Farben im Landschaftsbild der dalmatinischen Küstenregion. Ein Gefilde, in dem sich Wasser und Land in eng verschlungenen, verworrenen Formen niemals gradlinig begegnen. Zwischen Zadar, Šibenik, Trogir, Split, Omiš und Dubrovnik, am mediterranen Rand der Balkanhalbinsel, liegen Hunderte von zerklüfteten grünen Inseln und bizarren Felsenriffen. Nur wenige tragen bekannte Namen: Brač, Hvar, Korčula, Dugi otok, Pašman, Ugljan, Vis, Lastovo oder Mljet.

Die Küstenregion Dalmatien ist heutzutage nur noch ein geografischer Begriff für die Ostadriaküste von Starigrad-Paklenica im Norden

Geschichtstabelle

Um 1200 v. Chr. Illyrische Delmaten besiedeln Dalmatien

5.–3. Jh. v. Chr. Griechen gründen Kolonien und Handelsniederlassungen, u. a. auf den Inseln Vis und Hvar

2. Jh. v. Chr.–12. Jh. n. Chr. Römer erobern ganz Dalmatien. Ab dem 1. Jh. breitet sich das Christentum aus. Nach der Teilung Roms gehört Dalmatien ab 538 zu Byzanz. Ab dem 6. Jh. wandern Slawenstämme ein. Kroaten besiedeln das Gebiet nördlich von Split. Im 10. Jh. wird das Königreich Kroatien gegründet. 1102 wird der Ungarnkönig Koloman König von Ungarn, Kroatien und Dalmatien. Kroatien bleibt 800 Jahre in Personalunion mit Ungarn

14.–18. Jh. 1409 fällt ganz Dalmatien an Venedig. Nur die Freie Republik Ragusa (Dubrovnik) bewahrt Süddalmatien noch ihre Unabhängigkeit, indem sie die Oberhoheit der Türken anerkennt

1797–1918 Unter Napoleon Ende der venezianischen Herrschaft, Gleiches widerfährt Ragusa im Jahr 1908. Das Erbe dieser Handelsmächte fällt an Österreich bis 1918

Ab 1918 Kroaten, Serben und Slowenen gründen nach dem Ersten Weltkrieg das Königreich Jugoslawien, das nach seiner Kapitulation 1941 von Deutschen und Italienern aufgeteilt wird

1939–1945 Kroatien wird selbstständiger (nationalfaschistischer) Staat, Dalmatien wird von Italien annektiert. Nach der Kapitulation Italiens kämpfen Partisanenverbände gegen die Deutsche Wehrmacht

1945 Gründung der »Föderativen Volksrepublik Jugoslawien« unter maßgeblicher Führung von Ministerpräsident Tito und der Kommunistischen Partei

1980 Nach Titos Tod verschärft sich die Wirtschaftskrise, Nationalismus breitet sich im Vielvölkerstaat aus

1991–95 Im Juni 1991 verkündet Kroatien seine staatliche Souveränität. Die Jugoslawische Volksarmee, serbisch orientiert, versucht dieses mittels Kampfmaßnahmen zu verhindern

1995–1999 Das von Kroaten, Serben und Bosniern unterzeichnete Dayton-Friedensabkommen sichert Kroatiens Grenzen und stellt seine Stabilität auch während des Kosovo-Krieges unter Beweis

2001 Wachsende Besucherzahlen signalisieren der Tourismusbranche neuerliches Interesse an Kroatiens Ferienregionen

Palmenbestandene Flaniermeile am Wasser in Cavtat

bis zur Boka Kotorska (Bucht von Kotor – Grenze zu Montenegro) im Süden. Politisch gliedert sie sich in Nord-Süd-Richtung in die Regierungsbezirke *(Županije)* Zadar, Šibenik-Knin, Split-Dalmatien und Dubrovnik-Neretva.

Auf dem Festland erheben sich hinter dem fruchtbaren, schmalen Küstenstreifen die schroffen, steilen Karstgebirgsketten der Dinarischen Alpen auf bis zu 1700 m Höhe. Im Norden schotten sie Dalmatien vom Kerngebiet des Mutterlandes Kroatien ab, im mittleren Teil von Bosnien und ganz im Süden von Montenegro. Dalmatien hat also im wahrsten Sinne des Wortes seinen freien Blick über das Meer gerichtet: sowohl im Alltagsleben unter roten Ziegeldächern als auch im kulturhistorischen Erbe der hier einst herrschenden Kolonialherren, der Griechen, Römer, Byzantiner und Venezianer.

»Die Luft duftet nach Pinie, Ginster und Lavendel«

Zitronengelbe Ginsterbüsche, violetter Salbei und Lavendel, immergrüner Pinienwald und Weinreben würzen das milde Meeresklima mit ihrem aromatischen Duft. Schmetterlinge rasten am steinigen Rand des glasklaren, azurblauen Wassers, dessen seichte Wellen im grellen Sonnenlicht wie Diamanten funkeln. Ein bezauberndes Stück Natur voll sinnlicher Heiterkeit.

Dennoch ist die Dalmatinische Küste keineswegs ein Stück vom Paradies. Seit Jahrhunderten hat die Region Eroberer und Siedler wie ein Magnet angezogen. Zuerst die Illyrer, dann Griechen und Römer, später die Germanenstämme der Goten und Franken sowie Slawenstämme und Awaren. Im Mittelalter

Alte Kirchenkunst: Kaštela Stari

wird Venedig zum maßgeblichen Herrscher, der Dalmatien immer wieder gegen die Einfälle der Türken verteidigt. Bis zum Zweiten Weltkrieg gehört Dalmatien zum Königreich Jugoslawien, nach 1945 zur Volksrepublik Jugoslawien. Deren Zerfall hat zwischen 1991 und 1995 auch in Dalmatien seine Spuren hinterlassen.

Der Granatenangriff der Serben und Montenegriner auf Süddalmatien und die Stadt Dubrovnik, »Weltkulturerbe der Menschheit« und historisches Sinnbild für Freiheit und demokratisches Recht, hat die Welt im Dezember 1991 in helle Empörung versetzt. Im Norden der Dalmatinischen Küste lagen die Städte Zadar und Šibenik sowie ihr Umland noch Monate später unter Beschuss der Krajina-Serben. Dagegen waren Mitteldalmatien mit Split und der Makarska Riviera sowie alle dalmatinischen Inseln sichere Orte für Flüchtlinge und Vertriebene.

Seit der Unterzeichnung des Dayton-Abkommens im November 1995 fühlt man sich in allen Teilen Dalmatiens wieder sicher. Kriegsschäden an Straßen und öffentlichen sowie privaten Gebäuden sind heute weitgehend repariert, abzulesen an der kräftigeren roten Farbe neuer Dachziegel und Schornsteine.

So bewegt die Geschichte der Küstenregion durch die Jahrtausende auch gewesen sein mag – bestimmt von Aufbau und Zerstörung, von Blüte und Niedergang –, ein weltveränderndes Schlachtfeld oder gar weltpolitisch agierendes Machtzentrum war sie nie. Die verschiedenen Kolonialmächte unterhielten hier ihre Handels- und Militärstützpunkte. Das bewirkte den Ausbau der dalmatinischen Städte, in denen sich jetzt die wertvollen kulturellen Hinterlassenschaften epochal stapeln. Vornehmlich diente Dalmatien all seinen Kolonialherren jedoch als Sommerresidenz und als Garten, versorgte sie mit Früchten, Gemüse, Olivenöl, Fischen und Wein. Nicht einmal im Diokletianpalast in Split wurde große Politik gemacht. Den nämlich ließ sich der römische Kaiser Diokletian im 4. Jh. als prächtigen Altersruhesitz nach seiner Amtszeit bauen.

»Reiche Kulturgüter aus allen Epochen«

Gartenbau, Fischfang und Erholung, diesen Funktionen ist sich die Küste Dalmatiens bis heute treu geblieben. Kroatiens Politik wird in der Regierungshauptstadt Zagreb entschieden. Und die liegt von Zadar 180 km weit entfernt im Binnenland, von Dubrovnik sogar 580 km. Auch von den überdimensionierten Anlagen der Schwerindustrie aus sozialistischen Zeiten sind das dalmatinische Festland bis auf wenige Ausnahmen und die Inseln sogar ganz verschont geblieben. Dafür entwickelte sich die gesamte kroatische Adriaküste mit der Halbinsel Istrien im Norden, der sich nach Süden anschließenden Kvarner Bucht und schließlich Dalmatien ab etwa 1955 zu einer international beliebten, preisgünstigen Mittelmeer-Ferienregion. Ab 1970 boomte der Tourismus überall an der insgesamt 1777 km langen kroatischen Adriaküste, der 1185 Inseln und Felsenriffe vorgelagert sind. Der kroatische Adriatourismus war die wichtigste Devisenquelle im damaligen Jugoslawien. Und man baute munter drauflos. Staatsbetriebe schufen Massentourismusherbergen, die Privaten hatten sich mit dem Bau kleiner Pensionen und Apartments zu begnügen. Alle verdienten gut am Tourismusgeschäft, auch die kleinen Handwerksbetriebe, Läden und Restaurants sowie Bauern und Fischer.

» Die Urlauber zieht es hin zur blauen Adria «

Die Souveränitätserklärung im Juni 1991 und deren internationale Anerkennung im Januar 1992 haben Kroatien den Weg in die Freiheit, zu Demokratie und Marktwirtschaft gebahnt. Seit dem touristischen Neuanfang sind auch in Dalmatien die meisten Hotels und Apartmentanlagen inzwischen von Grund auf renoviert, Marinas ausgebaut und viele Campingplätze modernisiert. In den Städten restauriert man die alten Kirchen und Paläste; Arbeiten, die an der kulturhistorisch wertvollen Bausubstanz längst überfällig waren. Ganz Dalmatien mausert sich zu einem attraktiven Schmuckkästchen mit einer Trumpfkarte: sauberes Wasser und bildschöne, intakte Natur.

Damit uns die Götter des Mittelmeeres nicht verlassen

Vladimir Nazor ist der wohl bekannteste Dichter der kroatischen Moderne

Und was bleibt, das sind Hügel über dem Meer, breit, massig und karstig. Man muss sie alle mit dem Blick einfangen, um sie besser kennen lernen zu können. Bewege deinen Fuß, und sie öffnen ihre Schlünde, überraschen dich mit Tälern, die wie Adern die von Brombeer- und Wacholdergebüsch bedeckten Hügel durchziehen. Wir pflanzen Kiefern und Zypressen, damit uns zumindest hier, in der Nähe des Meeres, die Götter des Mittelmeers nicht verlassen.« (Vladimir Nazor, 1937)

Am Meer entlang zu neuen Ufern

Notizen zu Wind, Klima und Inselmenschen

Adria-Magistrale
Das technische Meisterwerk, gebaut zu Titos Zeiten von Ankaran (Slowenien) bis nach Ulcinj (Montenegro), ist die Hauptschlagader des Adriatourismus. Als eine der schönsten Ferienstraßen Europas verbindet die Adria-Magistrale auf einer Gesamtlänge von über 1200 km die Feriengebiete entlang der kroatischen Küste. In schwindelnder Höhe presst sie sich eng an steil zur Adria abfallendes, zerklüftetes Gestein, windet sich um Meeresarme und Buchten, durch Gärten und über Geröllfelder. Wundervolle Ausblicke eröffnen sich auf das blaue Meer, auf grüne Inseln, bizarre Felsen und mediterrane Städte und Dörfer. Zur Hauptreisezeit birgt die kurvenreiche Strecke allerdings wegen der vielen Überholmanöver der Pkw-Fahrer, die sich zwischen Campingwagen und Lastfahrzeuge drängen, ein erhöhtes Unfallrisiko.

Dubrovnik
... im Geist von Freiheit und Verantwortung: Erst mit der Kenntnis ihres geschichtlichen Hintergrundes kann man die weltoffene, ganz besondere Atmosphäre der Stadt verstehen: »Non bene pro toto libertas venditur auro« (»Auch für alles Gold der Welt wird die Freiheit nicht verkauft«) steht über dem Eingang zur Festung Lovrijenac in Stein gemeißelt; am Eingang zum Palast des Großen Rates mahnte die Inschrift: »Obliti privatorum publica curate« (»Vergesst die privaten Belange, kümmert euch um die öffentlichen Angelegenheiten«). Als Freie Republik Ragusa konnte sich der kleine, mittelalterliche Stadtstaat seine Freiheit über viele Jahrhunderte durch geschickte Diplomatie innerhalb des katholischen und osmanisch-islamischen Machtgefüges bewahren. Privilegien im Handel haben Dubrovnik reich gemacht, eine strenge Verfassung, die Amtsmissbrauch und Machtanhäufung verhinderte, hat sie innenpolitisch gestärkt. Gebietszuwächse erkämpfte man nie mit Waffengewalt: Dubrovnik hat gefeilscht und vertragsgemäß gezahlt. Vom 14. bis 16. Jh. entwickelten sich in der Republik zudem Wissenschaft und Kunst. Fortschrittlich waren Dubrovniks Einrichtungen zum Wohl der Gemeinschaft: Ab dem 13. Jh. gab es in der Stadt zwei Ärzte im öffentlichen Dienst, ab dem 14. Jh. eine Apotheke, ein Altersheim und ein Waisenhaus, ab dem 15. Jh. ei-

Schöne Felsbuchten säumen die Küste bei Dubrovnik

Traditionsreich: die Fischerei

ne Wasserleitung und den Dienst städtischer Straßenfeger. Als Dalmatien unter französische Herrschaft kam, wurde die Freie Republik Ragusa von Napoleon im Jahre 1808 aufgelöst.

Inselmenschen

»... Wind und Wellen und jene Abgeschiedenheit, die Inseln eigentümlich ist, auch wenn sich vor ihnen die weite Welt eröffnet«. Klare dalmatinische Dichterworte zum heimischen Inselcharakter. Phantastische Schwärmereien wären ebenso legitim, aber auch nur die halbe Wahrheit. Wer sich hier für immer niederließ, dem fiel kein Paradiesgarten in den Schoß. Generationen haben die Steine vom Boden geklaubt, bis er zum fruchtbaren Acker wurde. Terrassen hat man in steile Berghänge geschlagen, um von ihnen in mühsamer Arbeit die Früchte der Weinreben zu ernten. Auch die Fischerei barg immer die gefährlichen Tücken des Meeres.

Die Rebenkrankheit Philoxera war erst der Anfang. Sie hat in den 20er-Jahren in katastrophalem Ausmaß Weingärten zerstört und zur ersten großen Auswanderungswelle geführt: aufs Festland, nach Mitteleuropa, Amerika und Australien. Die Männer der Daheimgebliebenen verdingten sich als tüchtige Seeleute auf den Weltmeeren und überließen Pflichten und Verantwortung für Haus und Hof ihren Frauen. Im harten Überlebenskampf stark und selbstbewusst geworden, haben die Frauen ihre Töchter und Söhne allein erzogen. Selbstsicher sind auch die Kinder in die Welt hinausgegangen, an Plätze, die ihnen mehr als die enge Heimat bieten konnten. Der Tourismus als neue wirtschaftliche Perspektive hat diesen Prozess in den letzten Jahren verlangsamt, aber nicht gestoppt. Noch immer müssen die Kinder von Dugi otok, Lastovo oder Vis für ihre Ausbildung die Inseln im frühen Jugendalter verlassen, und viele kehren dann nur noch als Besucher zurück.

Kroatien

Mit dem schönsten Küstenstreifen (1777 km) entlang der Adria, dem 1185 Inseln, Eilande und Riffe vorgelagert sind, mit Bodenschätzen wie Gas und Öl, fruchtbaren Böden, Naturschönheiten sowie einer reichen kulturhistorischen Hinterlassenschaft, erstreckt sich die Republik Kroatien vom Mittelmeer bis zur Donau auf einer Fläche von 56 538 km². *Hrvatska* heißt das

Land in der kroatischen Sprache. Seine Hauptstadt ist Zagreb (deutsch: Agram, über eine Million Einwohner). Die 4,8 Mio. Einwohner Kroatiens sind von der Abstammung her mehrheitlich Kroaten. Im Norden ist Slowenien das angrenzende Nachbarland, im Osten sind es Ungarn, Serbien und Bosnien-Herzegowina, im Süden Montenegro. Als Teilrepublik Jugoslawiens war Kroatien mit seinem Tourismus einer der wichtigsten Devisenbringer für den inzwischen zerfallenen Staat. Durch den Krieg 1991–1995 und dessen Folgen erlebten Tourismus und Wirtschaft in Kroatien erhebliche Einbrüche. Mit der Unterzeichnung des Dayton-Friedensabkommens im November 1995 ist die Kriegsgefahr gebannt. Die neue Währung Kuna wird von der Regierung stabil gehalten. Millionenbeträge fließen zurzeit in den Wiederaufbau des Tourismus. Die Kroaten blicken nach vorn – in Rückbesinnung auf ihr frühmittelalterliches Königreich – und verdrängen augenblicklich noch die Schrecken der jüngsten Vergangenheit im ehemaligen Staat Jugoslawien sowie das Thema Serben und Serbien. Die einst gemeinsame serbokroatische Sprache wurde inzwischen durch viele neue Wortschöpfungen aus dem Altkroatischen »kroatisiert«.

Leuchttürme

An allen wichtigen Punkten entlang der Küste, auf den Inseln, vor Klippen und Untiefen kennzeichnen Seezeichen bei Tag und Nacht die Seewege. Viele der Mitte des 19. Jhs. unter österreich-ungarischer Herrschaft gebauten Leuchttürme stehen unter Denkmalschutz an landschaftlich attraktiven Plätzen. Seit einigen Jahren werden in Dalmatien in sieben dieser inzwischen automatisch betriebenen Leuchttürme Apartments an Urlau-

Schwerterkampf »Moreška«

Seit 400 Jahren gehört das Ritterspiel auf der Insel Korčula zum Brauchtum

Das Ritterspiel, das seinen Ursprung in Spanien hat, erfreute sich früher im gesamten Mittelmeerraum großer Beliebtheit. In Korčula hat sich die Moreška ihren festen Platz im Brauchtum erhalten. Die Geschichte erzählt von Moro, dem Sohn des arabischen Kaisers Otmanović, der die Verlobte (*bula* = muslimische Frau) des weißen Königs Osman entführt. Der ritterliche Schwerterkampf soll darüber entscheiden, wem die Bula zur Frau gegeben wird. In der letzten Szene werden die schwarzen Ritter geschlagen, und Moro übergibt sein Schwert und die Bula dem Sieger zum Zeichen seiner Unterwerfung. Ursprünglich symbolisierte die Moreška den Sieg der Spanier über die Mauren, der Christen über die Moslems, heute steht sie für den Sieg der Liebe und des Guten über das Böse.

ber vermietet, beispielsweise an der Hafen-einfahrt von Makarska, auf den Inseln Dugi otok, auf Lastovo sowie weit draußen im Meer, auf Sušak und Palagruža *(buchbar über I.D. Riva Tours, München, Tel. 089/ 231 10 00, www.idriva.de)*

Mittelmeerklima

Das milde Klima an der Dalmatinischen Küste ist vom günstigen Einfluss des Mittelmeeres geprägt. Die Sommer sind tagsüber meist sonnig und warm, die Nächte bringen leicht erfrischende Abkühlung (Lufttemperatur durchschnittlich 24,9 Grad im Juli auf Hvar). Hin und wieder ballen sich kurzzeitig schwarze Wolken über dem blauen Himmel zusammen, die am Nachmittag oder am frühen Abend in heftigen Gewitterschauern niederprasseln. Dieses Regenwasser erhält die Pflanzenwelt bis in den Herbst hinein grün. Die Winter sind mild, Schnee fällt nur etwa alle zehn Jahre und schmilzt nach wenigen Stunden (durchschnittliche Lufttemperatur im Januar auf Hvar 8,3 Grad). Im Frühsommer erwärmt sich die Adria schnell auf über 20 Grad. Die mittlere Wassertemperatur liegt im Juli bei 23 Grad und sinkt im Winter kaum unter 12 Grad.

Motorsegler

Einst brachten sie Oliven, Wein und Salz bis nach Triest und Venedig. Heute eröffnen die kleinen nostalgischen Motorsegler auf ihren Kreuzfahrten den Touristen die dalmatinische Inselwelt von ihrer schönsten Seite, ankern in unbewohnte Buchten, in die kein Weg führt, zeigen malerische Städte und Ortschaften von ihrer prachtvollsten Seite, die man so nur vom Meer kommend in Augenschein nehmen kann. Jedes dieser hölzernen Schiffe in Familienbesitz ist anders gebaut, teils neu nach alten Vorbildern. Die Kabinen an Bord, selten mehr als ein Dutzend, bieten keinen Raum für Überflüssiges. T-Shirts, Shorts und Badezeug reichen aus für legere Urlaubstage. Das Sonnendeck ist dafür umso größer gestaltet. In der winzigen Kombüse wird für die Gäste dalmatinische Hausmannskost zubereitet.

Volksrepublik Jugoslawien

Das ehemalige Jugoslawien war ein Staat mit ungleichen Vorzeichen: mit zwei Alphabeten (lateinisch und kyrillisch), drei Sprachen (Serbokroatisch, Slowenisch, Makedonisch), vier Religionen (die serbisch-orthodoxe, katholische, isla-

Die Marco Polo Bitte

WWF

Marco Polo war der erste Weltreisende. Er reiste in friedlicher Absicht, verband Ost und West. Er wollte die Welt entdecken, fremde Kulturen kennen lernen, nicht zerstören. Könnte er heute für uns Reisende nicht Vorbild sein? Aufgeschlossen und friedlich sollte unsere Haltung auf Reisen sein. Dazu gehören auch Respekt vor Mensch und Tier und die Bewahrung der Umwelt.

Die gesamte Dalmatinische Küste gilt als ideales Segelrevier

mische und jüdische), fünf Völkern (Serben, Kroaten, Slowenen, Makedonier, Montenegriner), mit verschiedenen Volksgruppen (u. a. Albaner, Ungarn, Italiener, Türken) und sechs Republiken (Serbien, Kroatien, Slowenien, Bosnien-Herzegowina, Makedonien, Montenegro). Josip Broz Tito gelang es, große Teile dieses Völkermosaiks während des Zweiten Weltkrieges mit der Parole »Brüderlichkeit und Einigkeit« auf seine Seite zu ziehen. Nach Gründung der Sozialistischen Föderativen Volksrepublik Jugoslawien verzeichnete die Wirtschaft in den 50er-Jahren hohe Wachstumsraten. Das Land wurde von Titos Kommunisten regiert, aber das Volk genoss Reise- und weitgehende Informationsfreiheit. Die Gehälter waren niedrig, aber mit einem Nebenjob konnte jeder seinen Lebensstandard verbessern. Hunderttausende zogen als Gastarbeiter in das westliche Ausland. Die aufkeimende und bedrohlich anwachsende Wirtschaftskrise sowie das soziale Gefälle zwischen den reichen Republiken im Norden und den schwachen, unterentwickelten im Süden haben nationalistisch gesinntes Gedankengut, bis zum blutigen Völkerhass, wieder zum Leben erweckt. Der Vielvölkerstaat verfiel 1991.

Winde

Das Wetter an der Adria wird vom Wind bestimmt, vom Jugo oder Schirokko, der feuchte Luftmassen aus dem Süden bringt. Der Mistral, der ab dem späten Vormittag bis in den frühen Abend hinein vom Meer her bläst, ist im Sommer stets eine Erfrischung. Die Bora, der gefürchtete eisige Nordostwind, fegt den Himmel frei für sonniges Wetter. Im Sommer ist mit ihr aber nur selten zu rechnen.

Mediterrane Küche – köstlich und leicht

Die kulinarischen Trümpfe der Dalmatinischen Küste kommen frisch aus Garten und Meer

Hauchdünner dalmatinischer Rohschinken, gelber Schafskäse und Salzsardellen, dazu ein paar schwarze Oliven, hausgebackenes Weißbrot, Salat aus sonnengereiften Tomaten und selbst gekelterter Wein, mit Wasser verdünnt: Mit diesen typisch dalmatinischen Köstlichkeiten sollten Sie ihren kulinarischen Streifzug beginnen. Die einfachen, wohl schmeckenden Speisen ohne schwere Fette sind schon auf Grund der Salzwürze eine bekömmliche und gesunde Kost in der heißen Sommerzeit.

Hotelgästen in Vollpension wird dieses delikate Mahl allerdings kaum serviert. Die meisten Hotelküchen kochen nach wie vor »international«. Nach der Vorspeise, Gemüsesuppen und Fleischbrühe, Spaghetti in Hackfleischsoße und Salate vom Büfett, wählt der Gast zwischen paniertem Schnitzel, Hacksteak, Fisch und Hähnchenkeulen mit Pommes frites und Gemüse. Zum Dessert wird Kuchen, Obst und meist sehr leckeres Eis gereicht. Auf den Frühstücksbüfetts der großen Hotels stehen neben Brot und Brötchen, Wurst und Käse, hart gekochten Eiern, Honig und Marmelade in kleinen Plastikpackungen inzwischen auch frisches Obst, Gurken und Tomaten. Wer in den kleinen privaten Pensionen oder bei Privatvermietern wohnt, darf sich oftmals von den Kirschen, Trauben, Feigen oder Pfirsichen im Hausgarten selbst bedienen.

Etwas Frisches zum Dessert

Die Dalmatiner sind wie die meisten Südländer Frühstücksmuffel. Ihnen reicht die Tasse Kaffee zum morgendlichen Plausch in der Cafébar *(kavana)* auf dem Weg zur Arbeit. Erst zur *marenda*, zum zweiten Frühstück am späten Vormittag, wird ein deftiger Imbiss aufgetischt: kalter Bratenaufschnitt, marinierte Sardellen, Oliven, Käse, kleine warme Speisen und Wein, zur Hälfte mit Wasser aus der Leitung zu *bevanda* verdünnt. *Gemišt*, Wein mit Mineralwasser, trinken nur die Touristen. Bis zum Abendessen, der Hauptmahlzeit des Tages, nutzen die Dalmatiner jede sich bietende Gelegenheit für einen *kava* (Espresso) zwischendurch.

Cafébars sind in den letzten Jahren überall wie Pilze aus dem Boden geschossen. Für die Allgemeinheit sind sie die gerade noch erschwingliche Alternative zum für dalmatinische Verhältnisse enorm

Dalmatinische Spezialitäten

Lassen Sie sich diese Köstlichkeiten gut schmecken!

Speisen

Brodet od riba – Fischeintopf: verschiedene Fischsorten in einem Sud aus Olivenöl, Wein, Zwiebeln, Knoblauch und Petersilie

Dalmatinski pršut – leicht angeräucherter dalmatinischer Rohschinken

Djuveč – zu gegrillten Fleischspeisen servierte Beilage aus Reis mit Tomaten, Paprika und Zwiebeln, mit Fleischbeilage Hauptgericht

Fritule – frisch in Fett ausgebackenes Hefeteiggebäck, mit Puderzucker bestreut

Koštradina – gekochtes Lammfleisch, oft mit dalmatinischer Tomatensoße serviert

Mixed Grill – verschiedene kleine gegrillte Steaks vom Rind, Schwein und Lamm mit *ajvar*, einer würzigen Paste aus roten Paprika und Tomaten

Mantala – Tresterbrot, eine Spezialität aus dem Süden Dalmatiens

Palačinke – Pfannkuchen mit einer Soße von Marmelade oder Schokolade

Paški sir – der Schafskäse von der Insel Pag ist ein würziger Appetitanreger

Pašticada – mariniertes, mit Speck gespicktes Rindfleisch in Rotwein gekocht

Pljeskavica – Hacksteak vom Grill

Risotto – in Brühe gequollener Reisbrei mit unterschiedlichen Beigaben wie Muscheln, Scampi oder Tintenfischstückchen

Rožata – von karamellisiertem Zucker überzogene Vanillecreme aus Eiern und Milch

Salata od hobotnice – Tintenfischsalat in pikanter Olivenölmarinade

Slane srdelje – Salzsardellen

Vitalac – Innereien vom Lamm, die im Darm gefüllt auf dem Grill geröstet werden

Getränke

Dingać und Postup – die Rotweine von der Insel Pelješac wurden schon zu k.u.k. Zeiten als »Kaiserweine« an den Wiener Hof geliefert

Grk – ein besonders edler Weißwein aus Lumbarda von der Insel Korčula

Lozovaca und Travarica – dalmatinische Trauben- und Kräuterschnäpse, eingerieben auch als Mittel gegen Rheuma wirksam

teuer gewordenen Restaurantbesuch. So findet man beispielsweise im Zentrum von Zadar und Šibenik, Städten, die nicht wie Split oder Dubrovnik von einem hohen Touristenaufkommen profitieren, kleine Cafés und Bars en masse, aber nur sehr wenige gute Restaurants. Die konkurrieren in den Ferienorten mit den Pizzerien, Tavernen und Konobas (rustikal eingerichtete Gasthäuser, die meist dalmatinische Hausmannskost anbieten). Fischgerichte sind durchweg erheblich teurer als Fleischgerichte. Das Preisniveau in der Gastronomie Dalmatiens liegt insgesamt nur wenig unter dem von Italien, Deutschland oder Österreich.

Spezialität sind die überall ähnlich zubereiteten Gerichte von Fischen und Meeresfrüchten, die sich vorrangig in ihrer Frische unterscheiden. Zubereitet werden sie in ganz unterschiedlicher Form: als Salat, in schwarzem Tintenfischrisotto, auf Spaghetti oder selbst gemachten grünen Bandnudeln. Wenn Sie Scampi bestellen möchten, bedenken Sie, dass diese meist noch mit Schale serviert werden, die Sie selbst entfernen müssen. Üben Sie das zuerst mit gegrillten Scamp, und wagen Sie sich dann an die gekochen *Skampi buzara* in einem leckeren Sud aus Wein, Tomaten und verschiedenen Gemüsesorten.

Für Verwirrung unter den Touristen sorgt immer wieder der in den Speisekarten geschriebene Kilopreis. Das heißt natürlich nicht, dass Sie gleich ein Kilo Fisch bestellen müssen. Ihnen wird die Portion, ca. 250 g, nach Gewicht berechnet. Die kleinen, äußerst schmackhaften Sardinen, frisch vom Grill, mariniert oder in Salz eingelegt, gelten als Arme-Leute-Essen und stehen deshalb nur in den Konobas und Gostionica (Wirtshäusern) auf der Speisekarte.

Steaks vom Rind, Schwein und Lamm werden in Dalmatien traditionell auf dem Rost über dem offenen Holzkohlefeuer gegart. In den Konobas von Mittel- und Süddalmatien findet man noch eine besondere Spezialität: Fisch sowie Fleisch, vorzugsweise vom Lamm, wird zusammen mit Kartoffeln und Gemüse unter einer mit Holzkohleglut überhäuften Metallglocke, der *peka*, aromaschonend gegart. Die Garzeit beträgt gut zwei Stunden. Deshalb sollten Sie diese Gerichte immer vorbestellen.

Der Wein, rot und weiß, gehört an der Dalmatinischen Küste zu jeder Mahlzeit. Für den Hausgebrauch keltern ihn die Bauern selbst. Diesen sehr charakteristischen, bekömmlichen und dazu preiswerten Tischwein, *stolno vino*, sollten Sie probieren, obgleich er nicht den Anforderungen eines Qualitätsweines entspricht. Den gibt es auch, von Großkellereien abgefüllt, in 0,7-Liter-Flaschen mit aufgedruckter Herkunftsbezeichnung.

Neuerdings konkurrieren in ganz Kroatien junge Weinbauer, die die eigene Ernte im Familienbetrieb zu Weinen von Spitzenqualität ausbauen. Alle diese trocken ausgebauten Weine haben einen hohen Alkoholgehalt von über 12 Prozent. Spitzenreiter ist der süße Dessertwein Prošek, der über mehr als 16 Prozent Alkoholgehalt verfügt. Für die Freunde des Gerstensaftes: Dalmatien hat mehrere eigene Brauereien, zudem wird überall Exportbier angeboten.

Rosmarin, Lavendel, Salbei und Oregano

Eine Wohltat für die Seele: die Düfte an der Dalmatinischen Küste

Lebensmittel, Kleidung, Medikamente, internationale Zeitungen, Ersatzteile für Autos und Boote, Campingzubehör: Im Grunde ist alles vorhanden, was das Urlauberherz begehrt. Dass keine Bedarfslücken entstehen, dafür sorgen schon all die neuen privaten Handelsfirmen, die seit der Souveränität Kroatiens im Rahmen der freien Marktwirtschaft gegründet wurden. In Split und Dubrovnik wetteifern elegante Boutiquen mit importierten Luxusartikeln um die verwöhnte Kundschaft. Insgesamt sind die Preise für vergleichbare Artikel höher als zu Hause. Auf den abgelegenen, schwach besiedelten Inseln ist das Angebot ausreichend, jedoch verständlicherweise nicht gerade vielfältig und etwas teurer als auf dem Festland.

Außer allerlei Kitsch und Tand, den die Souvenirstände anbieten, gibt es eine Reihe typisch dalmatinischer Mitbringsel, z. B. aromatische Heil- und Küchenkräuter: Oregano, Salbei, Rosmarin, Thymian und Lavendel, die als Wildpflanzen auf den trockenen, steinigen Karstböden wachsen und auch auf den Märkten verkauft werden. Sie werden als Öle in Flaschen abgefüllt oder getrocknet in Gewürzsäckchen verpackt.

Würzige Tropfen mit aromatischen Kräutern werden gern gekauft

Olivenöl mit nach Hause zu nehmen lohnt sich nur, wenn Sie sich durch Probieren davon überzeugt haben, dass es auch wirklich von erster Qualität und kaltgepresst ist. Das betrifft gleichermaßen die Weine, beschrieben im Kapitel »Essen & Trinken«. Für den *Dingač,* den besten kroatischen Rotwein, zahlt man im Laden ab 10 Euro pro Flasche. Die anderen Qualitätsweine liegen preislich kaum darunter.

Schon seit dem 16. Jh. produziert die Likörfabrik Maraska ihren *Maraschino,* einen fruchtigen Likör aus kleinen, sauren, sehr aromatischen Kischen, die im Hinterland von Zadar wachsen. Der Kräuterschnaps *Travarica* schmeckt überall etwas anders, denn jeder Hersteller hat dafür seine eigene Rezeptur. Das betrifft auch den hochprozentigen *Lozovača,* den die Bauern aus den Schalen der Weintrauben selbst brennen. Krawatten, Füllfederhalter und Kugelschreiber sind deshalb originelle Mitbringsel und Erinnerungsstücke, weil sie in Kroatien erfunden wurden.

Feste, Events und mehr

Ob Karwoche oder Festival, Anlässe zum Feiern gibt es immer und überall

Wer nicht singen kann und keinen Wein mag, ist kein richtiger Dalmatiner, sagen die Dalmatiner und stellen diese Worte nicht nur auf ihren vielen Festen rund um das Jahr gern unter Beweis. Von religiösen Festen wie der Karfreitagsprozession bis zum Kinderfestival reicht das Programm. Einer *klapa* (Gruppe von Freunden) reicht die pure Lust am Gesang aus, die feinsinnig-heiteren bis schwermütigen Melodien dalmatinischen Lebensgefühls spontan anzustimmen. Auf Festen und Veranstaltungen zeigen sich die Sänger in den alten Volkstrachten.

Traditioneller Schwerterkampf

Offizielle Feiertage

1. Jan. *Neujahr*
6. Jan. *Hl. Drei Könige*
März/April *Ostern*
1. Mai *Tag derArbeit*
30. Mai *Nationalfeiertag*
22. Juni *Tag des antifaschistischen Widerstandskampfes*
15. Aug. *Mariä Himmelfahrt*
1. Nov. *Allerheiligen*
25./26. Dez. *Weihnachten*

Veranstaltungen und Festivals

März/April

Korčula: Lebendiges Brauchtum christlichen Glaubens in der *Karwoche* mit den feierlichen Messen und Prozessionen der traditionellen Bruderschaften Allerheiligen, hl. Michael und hl. Rochus. *Palmsonntag bis Ostermontag*

Hvar: In der Nacht vom Gründonnerstag auf den Karfreitag zieht die Kreuzprozession nach 500 Jahre altem Brauch bis 6 Uhr morgens durch 6 Inselgemeinden

Juni

Šibenik: Internationales Kinderfestival, auf dem die gesamte Stadt zur großen Bühne für Musik, Theater, Akrobatik und Spiele für Kinder wird. Dazu gehören immer geladene Kindergruppen aus dem Ausland

mit ihrem eigenen Programm.
Ab Ende Juni für 2 Wochen

Juli

Omiš: Klapa-Festival: Im Juli treffen sich Klapa-Gruppen aus ganz Dalmatien zum fröhlichen Sängerwettstreit

Juli/August

Dubrovnik: ★ *Sommerfestspiele:* großes Musik- und Theaterfestival auf 33 Freilichtbühnen im Altstadtkern (Klassik, Jazz, Folklore, Kunstausstellungen und Theateraufführungen). *Mitte Juli bis Ende Aug.*

Insider Tipp *Kukljica:* Fotokunst aus aller Welt von internationalen Fotografen zeigt die auch in Fachkreisen viel beachtete Ausstellung *»Inseln und Meer«* alljährlich im Juli und Aug. im Rathaus des Städtchens.

Split: Splitsko ljeto (Spliter Sommer): Festival des Dramas, des Balletts und der Oper in der Altstadt auf Freilichtbühnen. Fester Bestandteil: Aufführungen von Verdis »Aida« und »Nabucco« im Peristyl.
Mitte Juli–Mitte Aug.

Zadar: Musikfestspiele in Sv. Donat: geistliche Musik aus Mittelalter, Renaissance und Barock.
Anf. Juli– Mitte Aug.

August

Insider Tipp *Šibenik: Orgelsommerschule:* Musik in sakralen Räumen, Austausch theoretischer und praktischer Forschung, deren Ergebnisse dem Publikum in ca. 10 Konzerten präsentiert werden. 6 historische Orgeln erklingen allein in der Stadt Šibenik, 19 historische und moderne sind es in der gesamten Region Šibenik. *2 Wochen ab Mitte Aug.*

Sinj: ★ *Sinjska alka*: bedeutendstes folkloristisches Ritterspiel Kroatiens. Der Reiterwettstreit in prachtvollen Trachten und Uniformen wird seit 1715 zur Erinnerung an den Sieg über die Türken gefeiert, gleichzeitig mit dem kirchlichen Feiertag Muttergottes von Sinj, der die *alkari* (Reiter) den Sieg der Legende nach verdanken. *3 Tage an jedem 1. Wochenende im Aug. (www.dalmatia-mid.com/sinj.htm)*

September

Korčula: Marco-Polo-Tage: Höhepunkt ist die Rekonstruktion der historischen Schlacht von *Korčula* 1298, bei der der in *Korčula* geborene Marco Polo gefangen genommen wurde. Im Gefängnis von Genua verfasste er dann seine berühmten Reiseberichte über China. *1. Sept.-Hälfte*

Marco-Polo-Turm auf Korčula

Vom Velebit-Gebirge bis zum Vrana-See

Vor dem schroffen Karst liegt die Speisekammer der Dalmatinischen Küste

Der Regierungsbezirk Zadar *(Zadarska Županija)* bildet mit seinem abwechslungsreichen Landschaftsbild den nördlichsten der vier Bezirke Dalmatiens. Im Norden des Festlandes drängt sich das zur Wasserseite mit kahlem, ockerfarbenem Gestein steil aufragende Velebit-Gebirge eng an die Adria. Hier bahnen sich sprudelnd die Velika Paklenica und die Mala Paklenica ihren Weg zum Meer durch wilde, imposante Schluchten. Sie sind das Herzstück des Nationalparks Paklenica. Zwischen der unwirtlichen Hügellandschaft Bukovica und dem Küstenstreifen von Zadar bis Šibenik breiten sich auf der Hochfläche Ravni Kotari fruchtbare Äcker und saftige Wiesen aus. Mehr als 1300 km Meeresküste bietet die Zadar-Region insgesamt – die Küsten des Festlandes und der über 300 Inseln und Eilande.

BIOGRADER RIVIERA

[118 A–B 1–2] Die Berge der vorgelagerten Insel Pašman schützen die waldreiche Festlandsküste am Pašmanski kanal vor heftigen Windböen vom offenen Meer. Außerdem gilt die Biograder Riviera mit den Orten *Biograd na moru, Sv. Filip i Jakov* und *Pakoštane* von der Lage her als günstiger Ausgangspunkt für nautische Exkursionen ins Kornati-Archipel. Im sanft hügeligen, fruchtbaren Hinterland *Ravni Kotari* bietet der türkisfarbene, süßwasserhaltige Vrana-See *(Vransko jezero)* einen interessanten Landschaftskontrast zum azurblauen Wasser der Adria mit ihrer mediterranen Vegetation.

Zum Wandern und Klettern ideal: Nationalpark Paklenica

ORTE AN DER BIOGRADER RIVIERA

Biograd na moru **[118 B2]**
Das Städtchen (6000 Ew.) ist mit seiner 1996 erweiterten 1000-Plätze-Marina – jetzt die größte in der Ostadria – vor allem ein Treff der Skipper. Hier spinnen sie allabendlich in Kneipen, Tavernen und Restaurants reichlich Seemannsgarn. Aber auch Badeurlauber finden entsprechende Angebote. Von den einfach ausgestatteten, alten Stammhotels *Kornati (240 Betten, Tel. 023/38 31 68, €)* und *Ilirija (320 Betten, Tel. 023/38 31 48, €, ilirija@zd.hinet.hr)* sind es nur we-

Biograd na moru besitzt einen großen Yachthafen

nige Schritte zum Kieselbadestrand, zum Ortszentrum oder zur mit Blumenrabatten und Palmen geschmückten Uferpromenade.

Bei einem Spaziergang über die Promenade trifft man auf das *Stadtmuseum*, das einen sensationellen Fund birgt: die Ladung eines Handelsschiffes, das im 16. Jh. auf der Fahrt von Venedig nach Konstantinopel im Pašmanski kanal gesunken ist. Brillen in Lederfassungen, Rasiermesser, Nähnadeln, Herrenhemden und Wollmützen: Die Sammlung von Gebrauchsgegenständen des täglichen Bedarfs aus dieser Epoche gilt als eine der reichhaltigsten der Welt. Alle Exponate sind auch deutsch beschriftet *(Mo–Sa 9–12 und 19–21 Uhr, an der Promenade, 10 Kuna)*. Von Biograd tuckert die Autofähre bis zu achtmal täglich hinüber nach Tkon/Pašman. *Auskunft: Tourist Info Biograd na moru, Trg hrvatskih velikana 2, 23210 Biograd na moru, Tel. und Fax 023/38 31 23, www.dalmacija.net/biograd.html*

Pakoštane **[118 B2]**

Das Küstendorf (1800 Ew.), von Kiefernwald umgeben, liegt zwischen Meer und Vrana-See. Der kaum restaurierte alte Kern des Ortes mit seinen winkligen Gassen, winzigen Plätzen, engen Höfen, teils leer stehenden und verfallenen Häusern ist deshalb interessant anzuschauen, weil er noch das originale Bild eines uralten dalmatinischen Fischerdorfes bietet. Ihn umgeben viele neue Einfamilienhäuser inmitten gepflegter Blumengärten. Am Ortsrand liegen das von der deutschen Familie Frenzel geführte, gut eingerichtete *Autocamp Nordsee (60 Stellplätze, Tel. 023/38 14 38)* und die Ferienanlage *Kozarica (400 Betten in Apartments, 023/38 10 67, Fax 38 10 70, €)*.

Von Pakoštane können Sie zur kleinen, noch sehr ursprünglichen Insel *Vrgada* übersetzen. Unterkünfte bei Privatvermietern. *Auskunft: Tourist Info, 23211 Pakoštane, Tel. 023/38 18 03, Fax 38 16 08, www.summernet.hr/pakostane*

Sv. Filip i Jakov [112 A1–2]
Beschaulich und familiär, das sind die Merkmale des sympathischen Ortes (1500 Ew.) mit flach abfallenden Kieselstränden. Zur unbewohnten Badeinsel *Babac* können Sie sich mit dem Taxiboot übersetzen lassen. Am Ortsende die renovierte Apartmentsiedlung *Croatia (600 Betten, Tel. 023/388660, Fax 38 86 67, atn-croatia@zd.hinet.hr, €)*

Vrana und Vrana-See (Vransko jezero) [118 B2]
★ Die Ortschaft mit den Überresten der Burg Vrana und der Karawanserei *Maškovica Han,* einem in Dalmatien seltenen Beispiel osmanischer Baukunst, ist noch immer von den Gefechten des letzten Krieges gezeichnet. Hier windet sich die Straße in Richtung Benkovac aus der Ebene hinauf zum Hochplateau, wo nur wenige Kilometer weiter die Frontlinie zwischen Serben und Kroaten verlief. Vom Rand der Hochebene eröffnet sich ein weiter Blick über den türkisgrünen, von einem Schilfgürtel umrahmten Vransko jezero, seit 1999 Naturpark. Im fischreichen Süßwasser des gut 10 km langen und bis zu 4 km breiten Sees leben Aale, Welse, Hechte und Karpfen.

Das nordwestliche Ufer ist ornithologisches Reservat. Insider Tipp Im breiten Schilfgürtel finden über 100 Vogelarten, Enten, Sumpfweihen, Schilfsänger und der in Kroatien selten gewordene Faulenzreiher Nahrung und Schutz. Eine Tageslizenz zum Angeln *(30 Kuna)* sowie Angelzubehör erhalten Sie auf dem *Campingplatz Ckrvine (Tel. 023/38 14 33)* am Nordufer. Wer nicht auf sein eigenes Anglerglück vertrauen will, der findet hier ein rustikales Restaurant, das die Fische aus dem Vrana-See schmackhaft zubereitet *(Tel. 023/38 10 04, €).*

MARCO POLO Highlights »Region Zadar«

★ **Kirche Sv. Donat in Zadar**
Frühmittelalterliches Bauwerk auf römischen Fundamenten (Seite 36)

★ **Panoramastraße**
Die schönste Inselstraße der Ostadria führt über Dugi otok (Seite 30)

★ **Telašćica-Naturpark auf Dugi otok**
Hier dringt das Meer tief in den bizarren Karst (Seite 31)

★ **Benediktinerkloster auf Pašman**
In der Klosterkirche ein bemaltes Holzkreuz, das die Liebe und nicht das Leid symbolisiert (Seite 34)

★ **Vrana-See**
Ornithologisches Reservat am süßen Wasser (Seite 29)

★ **Altstadt von Zadar**
Mediterranes Leben in kulturhistorischer Schatzkammer (Seite 35)

DUGI OTOK (INSEL)

[116 B–C 5–6] Dugi otok (2400 Ew.), auf Deutsch: die lange Insel, liegt am Außenrand des Norddalmatinischen Archipels. Von der Nord- bis zur Südspitze erstreckt sie sich über 52 km mit einer Breite von 1 bis 4 km. Ihr Norden ist waldreich und grün. Der Süden mit der Inselhauptstadt *Sali* (600 Ew.) und dem *Naturpark Telašćica* ist karstig, ähnlich wie die Eilande des benachbarten Kornati-Nationalparks.

★ Von Sali schlängelt sich jetzt eine gut ausgebaute Asphaltstraße, die alle 14 Inselorte und Weiler verbindet, bis nach *Božava* (160 Ew.), größter Ort im Norden von Dugi otok. Allein wegen dieser Panoramastraße, von der sich herrliche Ausblicke einerseits auf die Inseln zwischen dem Festland und Dugi otok und andererseits über das offene Meer eröffnen, lohnt es sich, das Auto auch nur für einen Tagesausflug vom Festland mitzunehmen. Märchenhaft sehen die verträumten kleinen Dörfer aus der Ferne aus. Insider Tipp

Doch wo Urlauber nur selten hinkommen, stehen viele der Häuser leer oder werden fast nur noch von alten Menschen bewohnt. Deren Kinder, in alle Welt verstreut, leben längst dort, wo ein sicherer Broterwerb die Existenz garantiert.

Der Tourismus ist auf Dugi otok (124 km^2) längst noch nicht so entwickelt wie auf den anderen dalmatinischen Inseln dieser Größenordnung. Und darin liegt der große Reiz für all jene, die den persönlichen Kontakt zu Fischern und Bauern suchen und urwüchsige Natur lieben – mit Trampelpfaden, die an einsam gelegene Strände führen. Es ist darum nicht verwunderlich, dass Dugi otok so viele Freunde unter Individualtouristen, Seglern und Tauchern gefunden hat.

ORTE AUF DUGI OTOK

Božava **[116 B5]**

Der kleine, malerische Ort in einer windgeschützten Hafenbucht ist das touristische Zentrum von Dugi otok, denn wenige Gehminuten entfernt versteckt sich die größte Hotelanlage der Insel in einem dichten Kiefernwald. *Hoteli Božava (520 Betten, Tel. 023/37 76 18, Fax 37 76 82, €)* verteilt sich über 5 Wohngebäude. Vom einfachen, aber gepflegten Haus *Kadulja* hat man den schönsten Blick auf die Bucht, in der abends die Segelyachten ankern. Die Tauchschule in der Anlage steht unter deutscher Leitung. 3 km entfernt liegt die naturbelassene, seichte Sandstrandbucht Saharun, ein idealer Bade- und Spielplatz besonders für kleinere Kinder. Sonnenschirme, Liegen und Proviant müssen Sie selbst mitbringen. Insider Tipp

Am Ende der Straße markiert der 45 m hohe Leuchtturm Veli Rat schon seit 1849 die nordwestliche Spitze der Insel Dugi otok, umgeben von urwüchsigem Kiefernwald und schönen Badeplätzen. Im Leuchtturm werden zwei Apartments an Feriengäste vermietet *(für 3–4 Personen, zu buchen über I.D. Riva Tours, München, Tel. 089/ 231 10 00, €)*. Einkaufsmöglichkeit im 6 km entfernten Božava. Insider Tipp

Sali **[116 C6]**

Von den Salinen, aus denen hier früher das kostbare Meersalz gewonnen wurde, hat Sali, heute Wirtschafts- und Verwaltungszentrum von Dugi otok, seinen Namen. Seit über tausend Jahren bewahrt der größte Ort der Insel die Fischereitradition. Das belegt eine Urkunde aus der Zeit um 990. Die gotische Pfarrkirche *Sv. Marija* wurde im 15. Jh. dort errichtet, wo vormals ein frühmittelalterliches Kirchlein stand. Reste von Flechtornamenten und der große Holzaltar sind noch erhalten geblieben *(nur zur Messe geöffnet).* Immer Anfang August feiert Sali sein Ortsfest *Salijske užanske* traditionell mit einem Eselrennwettbewerb.

Insider Tipp

Urlauber, Bootstouristen und Taucher nutzen Sali gern als Ausgangspunkt für Touren in den Telašćica-Naturpark und zum Kornati-Archipel. Im Ort gibt es drei Tauchschulen, eine kroatische, eine italienische und eine deutsche. Das *Hotel Sali,* leicht erhöht über dem Meer, liegt gut 5 Minuten vom Zentrum entfernt *(150 Betten, Tel. 023/37 70 49, Fax 37 70 78, hotelsali@hotmail.com, €).*

Telašćica-Naturpark **[116 C6]**

★ Ein Besuch des Naturparks mit der ca. 8 km langen Bucht Telašćica am Ende der Insel lohnt einen Besuch. Telašćica bietet den sichersten und größten Naturhafen der Adria vor einer grandiosen Kulisse steiler, zerklüfteter Felsenberge *(Eintritt 40 Kuna).*

SCHIFFSVERBINDUNGEN

Autofährlinie von *Zadar* nach *Sali* und *Brbinj* jeweils ein- bis zweimal tgl.; zur Hauptsaison fünfmal wöchentlich *Zadar–Brbinj–Ancona* (Italien); wöchentlich Tragflügelboot (nur Personenfähre) *Zadar–Božava–Ancona;* zweimal wöchentlich Tragflügelboot *Zadar–Božava–Rijeka*

AUSKUNFT

Tourist Info

23281 Sali, Tel. und Fax 023/37 70 94

IŽ (INSEL)

[116 C5–6] Eine gut 5 km lange, nagelneue Asphaltstraße verbindet den Autofähranleger Bršanj mit den wichtigsten Orten der grünen Insel (18 km^2), *Veli Iž und Mali Iž.*

Dreiviertel der 600 Inselbewohner leben in ihrer Hauptstadt Veli Iž. Hier gibt es einen kleinen Hafen, einen Kieselstrand, das vor einigen Jahren renovierte Hotel *Korinjak (200 Betten, Tel. 023/27 70 64, Fax 27 72 48, €),* ein paar Cafébars und Kneipen sowie ein richtiges Theater, das bereits 1927 eröffnet wurde. Das Geld für das Theater haben nach Amerika ausgewanderte Insulaner gespendet. *Iška keramika,* aus Ton und Steinmehl gefertigte Haushaltswaren, werden in der letzten Töpferei des Ortes noch traditionell im offenen Feuer gebrannt.

Insider Tipp

SCHIFFSVERBINDUNGEN

Personenfähre tgl. *Veli Iž–Mali Iž–Zadar;* Autofähre in der Saison viermal pro Woche: *Bršanj/Iž– Zadar*

AUSKUNFT

Tourist Info

23284 Veli Iž, Tel. 023/27 71 91

MOLAT-ARCHIPEL

[116 B4–5] Ausflüge vom Festland auf die autofreien Inseln *Ist, Molat, Zverinac, Sestrunj* und *Rivanj* sind häufig nur mit einer Zwischenübernachtung in Privatquartieren, bei Bauern- und Fischerfamilien, möglich. Hier finden Sie garantiert noch menschenleere Strände.

SCHIFFSVERBINDUNGEN

Personenfähre einmal täglich frühmorgens: *Ist–Zapuntel/Molat–Brgulje/Molat – Molat/Molat – Božava/Dugi otok–Zverinac–Sestrunj–Rivanj–Zadar,* nachmittags zurück

OLIB (INSEL)

[116 B4] Früher zählte das Eiland 3000 Bewohner. Doch viele sind nach Amerika ausgewandert, da sie hier keine Arbeit mehr fanden. Die meisten der jetzt nur noch 200 Inselbewohner sind Bauern. Im einzigen Dorf der 11 km langen und 3–8 km breiten Insel steht noch ein *Kastell* aus dem 17. Jh., das allerdings ebenso verlassen daliegt wie die meisten alten Wohnhäuser. Auffällig ist, dass einige von ihnen trotzdem sehr gepflegt aussehen, denn ihre Besitzer, die jetzt in Übersee leben, kommen Jahr für Jahr für ein paar Urlaubsmonate zurück und renovieren ihr altes Anwesen. Auf Olib gib es um die 50 Gästebetten, die privat vermietet werden.

SCHIFFSVERBINDUNGEN

Personenfähre, tgl. Abfahrt: *Olib–Silba–Premuda–Zadar;* Autofähre in der Saison einmal wöchentlich *Mali Lošinj–Olib–Zadar*

AUSKUNFT

Poljoprivredna zadruga
23296 Olib, Tel. 023/37 01 62

SILBA (INSEL)

[116 B4] Silba (15 km^2) ist nur etwa halb so groß wie die Nachbarinsel Olib. Zur Blütezeit der Segelschifffahrt haben sich reiche Kapitäne im einzigen Inselort prächtige Villen bauen lassen. Der Turm *(Toretta),* den ein Kapitän im 17. Jh. für seine Geliebte baute, stammt aus der Zeit, als Silba über 3500 Einwohner zählte. Heute sind es nur noch etwa 300.

Dank des windgeschützten Hafens hat sich Silba vor allem bei den Segelsportlern einen Namen gemacht. Wer hier an Land geht, der findet außer ein paar Läden auch noch Konoba, Pizzeria, Restaurant, Taverne und Café sowie einsame kleine Badebuchten, zu denen Spazierwege führen. Die insgesamt 350 Gästebetten in Zimmern und Apartments werden von Privatvermietern angeboten.

SCHIFFSVERBINDUNGEN

Personenfähre tgl.: *Silba–Premuda–Zadar;* Autofähre in der Saison dreimal wöchentlich *Mali Lošinj–Silba–Zadar*

AUSKUNFT

Tourist Info
23295 Silba, Tel. und Fax 023/37 00 10

Silba: Liebesturm aus dem 17. Jh.

UGLJAN UND PAŠMAN (INSELN)

[116 C5–6] Für die Bewohner von Zadar sind die vom Festland 3–5 km entfernten Inseln *Ugljan* und *Pašman* Ziele für den Wochenendausflug. Insulaner pendeln täglich mit der Fähre (etwa 30 Min. Überfahrt) zu Arbeitsplätzen und höheren Schulen in die Bezirkshauptstadt. Ursprünglich waren Ugljan und Pašman miteinander verbunden. Im Jahre 1883 hat man die schmale Meerenge *Ždrelac* dann schiffbar gemacht. Seit 1973 überspannt eine Brücke den Kanal, die beide Inseln jetzt wieder verbindet.

ORTE AUF UGLJAN

Wegen der günstigen Verbindung zum Festland ist Ugljan (51 km^2) mit gut 7000 Einwohnern eine der am dichtesten besiedelten dalmatinischen Inseln. Alle Ortschaften liegen an der Ostseite dem Festland zugewandt. Die gebirgige Westküste ist schroff und schwer zugänglich. Der Norden fällt hingegen sanft zum Meer ab. Auffallend sind die vielen silbrig glänzenden Olivenbäume, insgesamt sollen es über 100 000 sein. Mit der Olivenölproduktion setzt Ugljan eine Tradition fort, für die die Insel schon zu Römerzeiten bekannt war.

Kukljica **[116 C6]**

Das Fischerdorf (600 Ew.) liegt in einer Bucht im Süden von Ugljan. An ihrem nordseitigen Ausgang ist die Ferienanlage *Zelena punta* auf eine bewaldete Landzunge gebaut *(800 Betten, Tel. 023/37 33 37, Fax 37 35 45, €€)*. Alljährlich Anfang August feiert man hier das *Fest der Schneemadonna* mit Prozession und Fischerbootkonvoi zur Kirche *Gospa od sniga* in der Bucht von Ždrelac.

Kukljica ist stolz auf seine neue Marina mit 150 Plätzen. Seit Sommer 2002 hat hier eine neue Segelschule mit Lehrern vom Segelclub Zadar ihre Basis. Wanderwege führen in die idyllischen Badebuchten Kunćabok, Mali, Veli Sabuša (Sandstrand) und Jelenica (auch FKK). *Auskunft: Tourist Info Kukljica, 23271 Kukljica, Tel. 023/37 32 76, Fax 37 38 42, www.kukljica.hr*

Preko **[116 C5]**
Preko liegt direkt gegenüber von Zadar. Hier legt die Autofähre vom Festland an. Cafébars, Restaurants und Läden beleben den Ort mit einem Hauch von städtischer Atmosphäre. Der Stadtstrand von Preko, *Jaz,* ist längst nicht so attraktiv wie die vorgelagerte, kleine grüne Insel *Galevac-Školjić* mit ihren Kieselbuchten. Auf der Insel gibt es auch ein Franziskanerkloster, das der Öffentlichkeit aber nicht zugänglich ist. Oberhalb von Preko liegt die *Festung Sv. Mihovil* (13. Jh.). Der Fußmarsch von Preko aus, der etwa eine Stunde dauert, lohnt sich. Oben angekommen, eröffnet sich ein herrlicher Panoramablick. *Auskunft: Tourist Info, 23273 Preko, Tel./Fax 023/28 61 08*

Ugljan (Ort) **[116 C5]**
Ugljan besteht aus mehreren Ortsteilen. Selten überfüllt und besonders schön gelegen sind die Badestrände von *Muline,* denn man hat von hier gleich eine ganze Anzahl kleinerer und größerer Inseln im Blickfeld. In Privathäusern werden Zimmer und Apartments vermietet. *Auskunft: Tourist Info, 23275 Ugljan, Tel./Fax 023/ 28 80 11*

ORTE AUF PAŠMAN

Ähnlich wie auf Ugljan sieht es auf der mit knapp 60 km^2 etwas größeren, aber schwächer besiedelten Schwesterinsel Pašman (3100 Ew.) aus. Auch hier führen von der einzigen Straße, die alle Inselorte am Ostufer verbindet, nur Wege und Pfade über das schroffe Inselgebirge zu den schönen Buchten auf der Westseite. Über den Gebirgsrücken zieht sich ein Panoramawanderweg von der Brücke nach Ugljan bis nach Tkon (24 km). Insider Tipp

Pašman wirkt noch ländlicher als Ugljan. Mit dem Gemüse, das rund um die Dörfer üppig auf den Feldern wächst, beliefern die Bauern den Markt von Zadar. Auf Pašman gibt es zwar kein Hotel, aber einige Privatpensionen und viele Apartments und Privatzimmer.

Kraj **[117 D6]**
Am Rande der Ortschaft Kraj steht das Franziskanerkloster *Sv. Dujam u Kraju* (14. Jh.) inmitten grüner Felder. Sehenswert sind Renaissancekreuzgang, Bibliothek und die Barockbilder von Heiligen im Refektorium *(Mo–Fr 16–18 Uhr).* Im Obergeschoss wurden neue Zimmer für Übernachtungsgäste eingerichtet *(Gruppen ab 20 Personen, 10 Euro/Pers).*

Pašman (Ort) **[117 D6]**
Selbst der Hauptort der Insel hat nur 300 Einwohner. Im Kiefernwald liegt der Campingplatz *Lučina* an einem Sand- und Kieselstrand *(Tel. 023/26 01 73). Auskunft: Tourist Info Pašman (Insel), 23262 Pašman , Tel./Fax 023/26 01 55*

Tkon **[117 D6]**
Mehrmals täglich legt die Autofähre vom Festlandshafen Biograd na moru in Tkon an. Etwa 2 km in Richtung des Ortes Pašman zweigt der Weg zum *Benediktinerkloster* (12. Jh.) auf dem Berg *Ćokovac* ab.

Fähren verbinden Tkon auf der Insel Pašman mit dem Festland

Die Abtei war jahrhundertelang Schule der slawischen Liturgie und glagolitischen (altslawischen) Literatur. Das Portal der gotischen Kirche trägt glagolitische Inschriften, in den Kapitellen verstecken sich steinerne Menschenköpfe. Aus dem 14. Jh. stammt das bemalte *Holzkreuz* über dem Altar. Ein interessantes Bildnis, das die Liebe über den Schmerz stellt. Mönche erläutern die Symbolik den Besuchern. *Tgl. 15–18 Uhr, kein Eintritt, Spende willkommen*

SCHIFFSVERBINDUNGEN

Autofähre *Zadar–Preko/Ugljan* tagsüber tgl. etwa jede Stunde; Autofähre *Biograd–Tkon/Pašman* in der Saison acht Abfahrten tgl.

ZADAR

Karte in der hinteren Umschlagklappe

[116 C5] Als lebhafte Hafen- und Handelsstadt, als Zentrum von Wirtschaft, Verkehr und Kultur, als Verwaltungssitz des Regierungsbezirks hat Zadar (80 000 Ew.) nach dem Krieg seine alte Rolle wieder übernommen. Die bedeutenden Sehenswürdigkeiten Zadars, Hinterlassenschaften aus über drei Jahrtausenden Stadtgeschichte, liegen allesamt auf der 1 km langen, knapp 500 m breiten Halbinsel mit dem autofreien Altstadtkern. An ihrer Hafenseite legen die Fährschiffe an. Mediterrane Gelassenheit bestimmt das Flair, besonders in den Abendstunden, wenn die zahlreichen kleinen Kneipen und Cafébars der Altstadt von den Einheimischen bevölkert werden. Gönnen Sie sich beim Bummel durch die engen, mit Steinplatten ausgelegten Gassen Pausen, um die von einer wechselvollen Geschichte und Kunst geprägte Atmosphäre zu genießen.

SEHENSWERTES

Altstadt

★ Am Hafen und am Übergang zum Festland verläuft noch die *Stadtmauer* aus dem späten Mittelalter. Das *Landtor* (Porta Terraferma, 16. Jh.) mit dem venezianischen Löwen gilt als das bedeutendste Renaissancebauwerk in Zadar. Durch das Tor geradeaus führt die Straße zum *zeleni trg*, der zum *Römischen Forum* gehört. Die hier sichtbaren Reste des Forums, darunter eine 14 m hohe Säule mit Flechtornamenten, die vom Mittelalter bis 1840 als Schandpfahl diente, sind erst 1946 beim Abtragen der zerbombten Wohnhäuser entdeckt worden.

Die zweigeschossige ★ Rundkirche *Sv. Donat* wurde vermutlich Anfang des 9. Jhs. von dem später heilig gesprochenen Bischof Donatus auf die Fundamente des Forums gebaut. In die Mauern der Kirche sind antike Säulen und Steinfragmente verbaut *(tgl. 9–22 Uhr, 5 Kuna)*. Sv. Donat ist verbunden mit dem romanischen Dom *Sv. Stošija* (12./13. Jh.). In der linken Apsis des Doms befindet sich der Sarkophag der hl. Anastasia *(tgl. 8–12 und 18–20 Uhr, Eintritt frei)*.

Spätestens in der *Široka Ulica*, der Haupteinkaufsstraße, die vom *Trg Sv. Stošije* auf den *Narodni trg*, den Volksplatz führt, wird klar, dass die Altstadt von Zadar ein lebendiges Freilichtmuseum ist. Zuvor lohnt sich ein kleiner Abstecher in Richtung Seetor an der Hafenseite, zur schönen romanischen Kirche *Sv. Krševan* (12. Jh.). In ihr wurde jener Ladislaus von Neapel 1403 zum ungarisch-kroatischen König gekrönt, der sechs Jahre später Dalmatien für 100 000 Dukaten an Venedig verkaufte.

Der *Narodni trg* ist seit der Renaissance der Mittelpunkt des öffentlichen Lebens. Um den Platz stehen Bauwerke aus mehreren Jahrhunderten: In der *Stadtloggia* (1562) tagte früher das Gericht. Das Gebäude der ehemaligen *Stadtwache* (1562) mit dem *Uhrturm* (1798) ist heute *Ethnografisches Museum (vorübergehend geschlossen)*. Das Rathaus wurde erst 1936 von den Italienern errichtet. Gegenüber steht der prächtige Palast *Ghirardini*, den ein kunstvoll verziertes, gotisches Fenster schmückt.

Wenige Schritte weiter in Richtung Landtor kommt man zur barockisierten Kirche *Sv. Šimun*. Die Gebeine des hl. Simon ruhen über dem Hauptaltar in einem kunstvoll verzierten Sarkophag aus dem 14. Jh., der aus über 300 kg Gold und Silber besteht. Auf ihm sind Szenen aus der Historie bildhaft dargestellt. Ein Zeit sparendes Vergnügen für jene mit müden Füßen: An der Hafeneinfahrt (beim Leuchtfeuer) können Sie sich mit der einzigen Ruderbootfähre Kroatiens für 3 Kuna zur Spitze der Altstadthalbinsel übersetzen lassen. Sechs Männer aus zwei Familien teilen sich täglich von 6 bis 22 Uhr den traditionsreichen Job.

Insider Tipp

MUSEEN

Archäologisches Museum

In einem Neubau am Römischen Forum sind die Funde aus den Zeiten der Illyrer, Griechen und Römer in und um Zadar sowie altkroatische Exponate aus dem 8. und 9. Jh. ausgestellt. *Mo–Fr 9–13, 18–21, Sa 9–13, So 18–21 Uhr, 10 Kuna*

Gold und Silber von Zadar

Gegenüber der Rundkirche Sv. Donat zeigt das *Benediktinerinnenkloster* seine einzigartige Sammlung sakraler Kunstschmiedearbeiten, das berühmte Gold und Silber Zadars *(Zlato i srebro Zadra)*. *Mo–Sa 10–12.30, 18–19.30, So 10–12.30 Uhr, 20 Kuna*

Mehr als 1000 Jahre alt: Sv. Donat in Zadar

Volksmuseum
Der Museumskomplex in der Poljana Pape Aleksandra III beinhaltet neben dem Museum der Stadt Zadar auch eine ethnologische und eine naturwissenschaftliche Abteilung sowie die Kunstgalerie mit der ständigen Ausstellung »Von der Romanik bis zur Renaissance«. *Mo–Fr 9–13 Uhr, 10 Kuna*

ESSEN & TRINKEN

Die vielen kleinen Kneipen und Cafés sind der Lebensnerv der Altstadt von Zadar. Beliebter Treffpunkt ist das *Lovre* am Narodni trg, das geschickt in die Ruinen der Kirche des hl. Laurentius (11. Jh.) integriert wurde.

Hübsche, gepflegte Restaurants im Grünen finden Sie in der Straße *Put Dikla* im benachbarten Villenvorort Borik.

Foša
Unterhalb des Landtores, direkt am alten Hafen Foša, blickt man von der ruhig gelegenen Terrasse des Fischrestaurants hinaus aufs Meer. Schwarzer Risotto mit Meeresfrüchten schmeckt hier köstlich. *Tgl. ab mittags, Kralja Dmitra Zvonimira 2, Tel. 023/31 44 21,* **€€**

EINKAUFEN

In der Altstadt gibt es zahlreiche Geschäfte, in denen Sie so ziemlich alles finden, was das Herz begehrt. Ein besonderes Erlebnis sind die *Märkte.* Schon am frühen Morgen wird in der *Fischmarkthalle* an der Hafenseite innerhalb der Stadtmauer gehandelt. Nebenan stehen die Bauern aus der Umgebung auf dem *Bunten Markt* mit Obst und Gemüse. Marktschluss ist jeden Tag um 12 Uhr.

Reges Leben in den Gassen Zadars

ÜBERNACHTEN

Insider Tipp

Albin

Die komfortable kleine Privatpension wird auch gehobenen Ansprüchen gerecht, ebenso das dazugehörige, stilvoll eingerichtete Restaurant. Der aufmerksame Service, die gute Küche mit dalmatinischen Speisen und das Angebot an regionalen Spitzenweinen sind bemerkenswert. *25 Betten, Put Dikla 47, Tel. 023/33 11 37, Fax 33 21 72,* €€ *(Restaurant und Hotel)*

Kolovare

Das ganzjährig geöffnete, renovierte Hotel liegt nur zehn Gehminuten von der Altstadt entfernt. *440 Betten, Bože Perišića 14, Tel. 023/20 32 00, Fax 20 33 00, www.tel.hr/hotel-kolovare-zadar,* €€

Puntamika

Etwa 3 km von der Altstadt entfernt liegt das komplett renovierte Urlauberhotel innerhalb der Ferienanlage Borik, die viele Sportmöglichkeiten bietet. *250 Betten, Majstora Radovana 7, Tel. 023/20 64 00, Fax 33 20 65, hoteli-borik@zd.hinet.hr,* €€

AM ABEND

Sehen und gesehen werden in der Široka ulica, der Hauptgasse durch die Altstadt: Die gemeinsame Terrasse der drei Cafébars Central, Kalelarga und Danica ist ein bevorzugter Platz der Jugend von Zadar (neben dem Theater). Jeden Freitag im Sommer bieten die meisten Cafébars in der Altstadt zur Zadarska fešta ab 21 Uhr kleine Spezialitäten wie Feigen, Oliven oder Gebäck umsonst an.

Insider Tipp

SCHIFFSVERBINDUNGEN

Die Küstenlinienschiffe *Rijeka–Dubrovnik* legen dreimal in der Woche, jeweils gegen Mitternacht, in Zadar an; außerdem: *Zadar–Ancona (Italien)* in der Saison bis zu fünfmal pro Woche; *Zadar–Preko/Ugljan* tagsüber alle 1–2 Stunden; *Zadar/Brbinj/Dugi otok* und *Zaglav/Dugi Otok* mehrmals tgl.; Autofähre *Zadar–Olib–Silba–Mali Lošinj* dreimal pro Woche; Personenlinienschiffe tgl. von Zadar zu den autofreien Inseln im Archipel von Zadar.

AUSKUNFT

Tourist Info

I. Smiljanica, 23000 Zadar, Tel. 023/21 24 12, Fax 21 17 81, tz-zadar@zd.tel.hr

ZIELE IN DER UMGEBUNG

Nin/Zaton **[116 C5]**
Als Willkommensgruß sind Brotlaib und Weinflasche auf den rechten Flügel des Stadttores (17. Jh.) in Stein gemeißelt. Dahinter träumt das über 2800 Jahre alte Nin (1500 Ew.) auf seinem 500 m langen wie breiten Inselchen inmitten einer seichten Sandlagune still vor sich hin. In der Antike war Nin, damals *Aenona* genannt, die Hauptsiedlung der illyrischen Liburner. Auf den Ruinen der damals über 45 000 Einwohner zählenden Stadt gründeten die ab dem 7. Jh. eingewanderten Kroaten erneut einen Ort und machten ihn zum geistlichen wie weltlichen Zentrum ihres frühmittelalterlichen Königreiches. In Nin wurde das sechseckige, steinerne Višeslav-Taufbecken gefunden. In dem aus dem 9. Jh. stammenden Becken ließen sich die ersten slawischen Fürsten von fränkischen Missionaren taufen. Eine Kopie befindet sich im kleinen *Archäologischen Museum* von Nin *(tgl. 9–12 Uhr, 10 Kuna)*, das Original kann man in Split sehen. Aus dieser Epoche stammt auch die als kleinste Kathedrale der Welt bezeichnete vorromanische Kirche Sv. Kriz, die ein schönes Beispiel altkroatischer Kirchenbaukunst darstellt.

Die wilden Sandstrände in der Umgebung von Nin sind bisher noch touristisch weitgehend unentdeckt. Nur an den Wochenenden kommen meist einheimische Badegäste. Der Heilschlamm, den man an einigen Stellen findet, gilt als wirksames Mittel gegen rheumatische Beschwerden. Insider Tipp

2 km entfernt ist die maximal zweigeschossige Apartmentsiedlung *Zaton* um eine weite Kieselstrandbucht gebaut, an der im Sommer viel Trubel herrscht. Dazu gehören ein großer Campingplatz, mehrere Restaurants, Kneipen, Läden, Tennisplätze und eine der größten Diskos Kroatiens, *Saturnus*, sowie ein kleiner Sportboothafen *(2140 Betten, Tel. 023/28 02 80, Fax 26 42 25, www.zaton.hr, € ohne Verpflegung). Auskunft: Tourist Info, 23232 Nin, Tel./Fax 023/ 26 52 47, www.grad-nin.hr*

Bei Nin kann man noch einsame Sandstrände entdecken

Insel sucht Robinson!

Hunderte kleiner Inselparadiese empfangen die Freizeitkapitäne

Etwa 250 Inseln und Riffe sind dem grünen Küstenstreifen des Regierungsbezirkes Šibenik-Knin *(Šibensko–Kninska Županija)* zwischen Pirovac und Rogoznica vorgelagert. Am Außenrand des Archipels liegt das als Nationalpark geschützte Kornati-Archipel, bestehend aus zumeist unbewohnten Robinson-Eilanden aus weißgrauem Gestein, umspült von der azurblauen Adria. Von Mai bis September kreuzen im attraktiven Wasserrevier von Šibenik die Segelboote und Motoryachten aus allen Teilen Europas. Die neun Marinas in den ehemaligen Fischerorten an der Küste können über 3000 Boote aufnehmen.

Durch die unwirtliche, schwach besiedelte Zagora, die steinige, trockene Karsthochfläche im Hinterland, hat sich die Krka ihren Lauf gebahnt. In der schmalen Talniederung, durch die sich das Wasser der Krka seinen Weg sucht, gedeihen Flora und Fauna in üppiger Vielfalt. Ihr gesamter Unterlauf ist wie das ★ Kornati-Archipel als Nationalpark ausgewiesen. Beide sind im Kapitel »Ausflüge & Touren« beschrieben.

Vorzüglich restauriert präsentiert sich Sv. Jakov in altem Glanz

Augenweide: Rathaus von Šibenik

ŠIBENIK

[118 C3] Bevor die Krka ihr Wasser auf den letzten 5 km durch einen schmalen, kanalartigen Durchbruch ins Meer schiebt, weitet sie sich noch einmal zu einem See. In diesen natürlich geschützten Schlupfwinkel bauten die eingewanderten Kroaten ab dem 9. Jh. ihre Festung auf den Platz, auf dem schon in prähistorischer Zeit ein illyrisches Kastell stand. Bald siedelten sich zu Füßen des 70 m hohen Kalkfelsens auch Seeleute und Piraten, Fischer und Bauern an. Aus dieser Urzelle ist das heutige Šibenik (40 000 Ew.) erwachsen. Seit 2000 steht der Altstadtkern als Weltkulturerbe in der Liste der Unesco. Šibeniks Feriengebiet liegt

Die Festung Sv. Mihovil bietet einen schönen Blick auf Šibenik

6 km außerhalb vom Zentrum am offenen Meer.

SEHENSWERTES

Altstadt

★ Von der Uferpromenade führt ein Treppenweg durch das *Seetor* hinauf zum *Trg Republike Hrvatske* (Platz der Republik Kroatien) mit der grandiosen ★ *Kathedrale Sv. Jakov.* Ihre lange Bauzeit (1431 bis 1555) erklärt das Gemisch von Stilelementen der Gotik und Renaissance. Für die damalige Zeit statisch einzigartig die Dachkonstruktion: ein Tonnengewölbe aus frei tragenden, gegeneinander aufgestellten Steinplatten über Hauptschiff, Seitenschiff, Apsiden und Kuppel. Um die Außenwand der Apsiden ist ein Fries mit über 70 steinernen Porträtköpfen angelegt: Bürger, Bauern, Fischer, hohe Herren, Frauen, Kinder, alles Zeitgenossen des großen Baumeisters und Bildhauers Juraj Dalmatinac (Anfang des 15. Jhs. geboren und 1473 verstorben in Šibenik). Auch das kunstvoll gestaltete Baptisterium mit dem Taufbecken ist vorwiegend sein Werk *(tgl. 8–21 Uhr, Eintritt frei).* Vor dem Hauptportal steht das *Dalmatinac-Denkmal,* geschaffen vom berühmtesten kroatischen Bildhauer der Neuzeit, von Ivan Meštrović.

Der *Rektorenpalast* (14.–16. Jh.) neben der Basilika, der einige antike Funde birgt, wird jetzt nur für wechselnde Ausstellungen genutzt, deshalb keine festen Öffnungszeiten. In der zweigeschossigen *Stadtloggia* gegenüber ist das Rathaus untergebracht. Während des Zweiten Weltkrieges wurde die Loggia total zerstört und später originalgetreu wieder aufgebaut. Über die Treppe an ihrer linken Seite kommen Sie zum schönen *Foscolo-Palast* (15. Jh.), dessen Fassade spätgotische Fenster schmücken. Ähnlich schöne Paläste verstecken sich noch viele in den winkeligen Gassen, die zur Festungsruine *Sv. Mihovil (hl. Michael)* hinaufführen. Ein Weg, der sich lohnt, denn man hat von hier einen weiten Blick über die dicht gedrängten roten Ziegeldächer der Stadt ins grüne Tal der Krka.

ESSEN & TRINKEN

In den Gassen der Altstadt gibt es eine Reihe von Kneipen und Cafés, oft nur mit wenigen Plätzen.

Gradska Viješćnica
Im Untergeschoss der Stadtloggia offeriert das stilvoll nostalgisch eingerichtete Restaurant auch Speisen für den kleinen Hunger, z. B. einen Käsecocktail aus verschiedenen Käsesorten, dekoriert mit Obst und Gemüse. *Trg Republike Hrvatske 3, Tel. 022/21 36 05,* €€

ÜBERNACHTEN

Jadran
Gepflegtes Hotel direkt an der Altstadt mit Taverne und Sommerterrasse. *150 Betten, Riviera, Tel. 022/21 26 44, Fax 21 24 80,* €€

Solaris (Ferienzentrum)
Die schön gelegene, weiträumige Anlage mit den drei Hotels *Ivan (630 Betten, Institut für Thalassotherapie), Niko (440 Betten)* und *Jure (550 Betten)* sowie einem Apartmenthaus befindet sich 6 km außerhalb des Stadtzentrums im Grünen und ist umsäumt vom Kies- und Felsenstrand der Adria. *Hotelsko naselje Solaris, Tel. 022/ 36 39 99, Fax 36 18 00, solaris.hotels@si.tel.hr,* €€

AM ABEND

Dolac
Im ältesten Stadtteil Dolac, unterhalb der Festung Sv. Mihovil, vergnügt sich nach 22 Uhr vor allem die Jugend in den Kneipen und Cafébars am Ufer der Krka bis in die frühen Morgenstunden. Auf der Bühne vor dem Ribanica sind Profis wie Nachwuchsbands die Stars des Abends. Insider Tipp

SCHIFFSVERBINDUNGEN

Personenfähre bis zu fünf Abfahrten tgl. zu den vorgelagerten Inseln: *Šibenik–Zlarin–Privić, Luka/Privić–Šepurine/ Privić–Vodice; bis zu zweimal tgl. Šibenik–Obonjan–Kaprije–Žirje*

MARCO POLO Highlights »Region Šibenik«

★ **Sv. Jakov in Šibenik**
Porträtköpfe und eine einzigartige Dachkonstruktion (Seite 42)

★ **Altstadt von Šibenik**
Historisches Stadtensemble mit Flair, das unter Denkmalschutz steht (Seite 42)

★ **Primošten**
Um das Inselstädtchen wachsen die Trauben für Spitzenweine (Seite 44)

★ **Kornati-Archipel**
Seine herbe Schönheit lockt Skipper aus aller Welt an (Seite 41, 90)

AUSKUNFT

Tourist Info
Ul. Fausta Vrančicá 18, 22000 Šibenik, Tel. 022/21 20 75, Fax 21 90 73, www.summernet.hr/sibenik

ZIELE IN DER UMGEBUNG

Brodarica **[118 C3]**
In den kleinen Ort 6 km südlich von Šibenik, gegenüber der Insel Krapanj, kommen die Städter gern zum Abendessen. Beliebt ist das Restaurant *Zlatna ribica* wegen seines Fischeintopfs *(Brodet)*, auf dalmatinische Art mit Polenta (Maisbrei) serviert *(Krapanjskih spužvara 46, Tel. 35 03 30, €). Auskunft: Tourist Info, 22207 Brodarica, Tel. 022/35 06 12*

Murter **[118 B2–3]**
Eine Drehbrücke im Ort *Tisno* verbindet die 19 km² große Insel (5000 Ew.) mit dem Festland. Murter ist ein grünes Eiland mit Feldern, Obst- und Weinanbau sowie vielen schönen Badebuchten, aber ohne nennenswerte kulturelle Sehenswürdigkeiten. Alle Inselortschaften *(Murter, Betina und Jezera)* haben eine Marina. Das macht Murter zu einer wichtigen Basis für Skipper. Außerdem gibt es eine Reihe privater Ferienhäuser und mehrere Campingplätze.

Zur Festlandseite, in der Nähe des Ortes Jezera, liegt die Ferienanlage *Lovišća* in einer weiten Kieselstrandbucht *(Camping und 83 Apartments, Tel. 022/43 92 93, Fax 43 92 15, dalmatia.campapt.jez@si.tel.hr)*. 3 km entfernt, abseits der Hauptstraße am Meer, befindet sich *Camping Plitka Vala-Kosirina (1400 Plätze, teils FKK, Tel. 022/43 52 68)*. Im Sommer ist mit einem Ansturm von Urlaubern mit Campingwagen zu rechnen. *Auskunft: Tourist Info Betina, 22244 Betina, Tel./Fax 022/43 49 96; Tourist Info Jezera, 22242 Jezera, Tel. 022/43 91 20, turisticka-zajednicajezera@si.tel.hr; Tourist Info Murter, Rudina, 22243 Murter, Tel. 022/43 49 95, Fax 43 49 50*

Primošten **[118 C3]**
★ Der alte, malerische Teil des Fischerdorfes (1500 Ew.) lag früher auf einer kleinen Insel, die jetzt über einen Damm mit dem Festland verbunden ist. Auf den nahe gelegenen Rebhängen wächst der *Babić*, ein dalmatinischer Spitzenwein. Im Sommer wird es eng im Ort mit den vielen Souvenirläden, Tavernen und Cafébars, denn auch für die Einheimischen aus der Umgebung ist Primošten ein beliebtes Ausflugsziel am Abend. Empfehlenswert ist die gemütliche *Taverna Dalmacija*, die grüne Nudeln mit Meeresfrüchten vorzüglich zubereitet *(Put Murve 15, Tel. 022/57 00 09, €€)*. Nachtschwärmer amüsieren sich in Dalmatiens größter Diskothek *Aurora* (3 km im Hinterland). Wenige Gehminuten abseits des Ortes liegt die Hotelanlage *Zora* auf einer bewaldeten Halbinsel mit Kieselstrandbuchten *(800 Betten, Tel. 022/57 00 48, Fax 57 03 17, €€). Auskunft: Tourist Info, Trg biskupa Josipa Armerića 2, 22202 Primošten, Tel. 022/57 11 11, Fax 57 00 43*

Vodice **[118 B3]**
Das einstige Fischerdorf (4000 Ew.) ist inzwischen ein betriebsamer Ferienort mit einer autofreien Ufer-

Bei Šibenik vereinigt sich die 70 km lange Krka mit dem Meer

straße am Hafenbecken. Hier und in der Altstadt stehen dicht nebeneinander Kneipen, Gaststätten und Souvenirstände. Außerdem legt mehrmals täglich das Linienschiff zu den Inseln Privić, Zlarin und nach Šibenik ab. Für Bootstouristen ist die Marina von Vodice ein beliebter Standort in unmittelbarer Nähe zum Archipel von Šibenik. Unterkunft bieten mehrere Hotels und Apartmenthäuser sowie Privatquartiere. Direkt am Strand steht das private *Hotel Kristina (74 Betten, Tel. 022/44 41 73, Fax 44 04 73, €€). Auskunft: Tourist Info, Jurićev Ive Cota 10, 22211 Vodice, Tel./Fax 022/ 44 38 88, tz-grada-vodice@si.tel.hr*

ŠIBENIK – INSELREGION

[118 B–C 2–3] Die Inselregion Šibenik *(Šibensko-Kninska Županija)* zählt für sich nur zehn Inselgemeinden, denn von den etwa 250 Eilanden und Felsenriffen im Archipel sind die meisten unbewohnt – ein faszinierendes Revier für Segler. Aber auch mit Ausflugsbooten kann man die Inseln erkunden. In geringer Anzahl werden Zimmer, Apartments und Ferienhäuschen von Privatvermietern angeboten, z. B. auf den Inseln *Prvić, Kaprije, Žirje, Zlarin* und *Krapanj.* Früher waren in diesem Gebiet Schwammernte und Korallenfischerei die Haupteinnahmequellen. Die Geschichte dieses einst sehr erfolgreichen Industriezweiges dokumentiert eine Ausstellung im Franziskanerkloster auf Krapanj *(tgl. 10–12 und 17–19 Uhr, Spende erbeten).*

SCHIFFSVERBINDUNGEN

Personenfähre ab *Šibenik* und Vodice mit bis zu 5 Abfahrten tgl. nach *Zlarin* und *Privić;* ab *Šibenik* bis zu zweimal tgl. nach *Obonjan, Kaprje* und *Žirje;* ab *Brodarica* mehrmals tgl. nach *Krapanj*

Sonnige Punkte an der Adria

In Split und Umgebung machten schon die alten Römer Urlaub

Vor der Eroberung durch Griechen und Römer lebten die Delmaten im Gebiet zwischen den beiden Flüssen Cetina und Neretva. Ihre Spuren sind im Laufe der Geschichte dieser Region so gut wie verschwunden. Nicht aber die der Griechen und Römer. Schönstes erhaltenes Bauwerk aus der Antike ist der Diokletianpalast in der Altstadt von Split. In Trogir und dem Städtchen Hvar prägen Kirchen und Paläste aus venezianischer Zeit die mediterrane Kulisse.

Die Stammplätze der Urlauber sind die Makarska Riviera und die Inseln Hvar oder Brač. Als touristisches Neuland gilt noch immer die Insel Vis, die zwischen 1976 und 1989 als Militärgebiet für Ausländer gesperrt war und mit schöner Naturlandschaft aufwartet.

BRAČ (INSEL)

[120 A–C 2–3] Schneeweißes Kalkgestein, der »Marmor von Brač«, ist seit der Antike ein unvergänglicher Zeitzeuge der Insel. In Mauern geschichtet, umschließt er Zentren

Brela wartet mit viel Sonne und sauberem Wasser auf

Split: Espressopause im Peristyl

von Reichtum und Macht: den Diokletianpalast in Split, das Reichstagsgebäude in Berlin, das Weiße Haus in Washington, das Parlament in Wien sowie prunkvolle Paläste in Venedig.

Brač ist mit 395 km² (maximal 40 km lang, maximal 13 km breit) die drittgrößte und höchste Insel Kroatiens. Die Mehrzahl der 14 000 Einwohner lebt in rund zwei Dutzend Ortschaften, die sich überwiegend am nördlichen Küstenrand, vom Festland nur 7 km entfernt, gegründet haben. Wie ein Buckel wölbt sich das terrassenförmig ansteigende Binnenland hinauf zur mit Schwarzkiefern bewaldeten Hochebene *Vidova gora* (600–700 m), gekrönt vom Gipfel der *Vidovica* (778 m), dem höchsten auf Brač. Im Bereich der Ortschaften und in den Taleinschnit-

Das »goldene Horn« an der Südküste von Brač ist ein beliebter Strand

ten haben die Bauern den kargen Boden in mühevoller Arbeit für den Wein-, Obst- und Olivenanbau kultiviert. Aleppokiefernwälder säumen die steil abfallende Südwestküste. Das prägende Bild von Brač sind jedoch die einsamen Brachlandflächen aus Macchia, Gehölzen und Karstgestein, in denen das ewige Lied der Zikade wie mystischer Gesang klingt.

Der kroatische Dichter Vladimir Nazor (1876–1949) hat seine Heimat noch als »Insel ohne Brot, ohne Wasser, ohne Wege, ohne Rebe und Ölbaum« beschrieben. Das stimmt nicht mehr. Das »Brot« der Insulaner ist heute vor allem der Tourismus. Wasser gibt es seit dem Verlegen einer Leitung vom Festland auf dem Meeresboden im Jahr 1977, und asphaltierte Straßen – die ersten 5 km wurden 1975 gebaut – führen heute zu allen Inseldörfern.

ORTE AUF BRAČ

Bol **[120 B3]**

Unterhalb der steil aufragenden Gebirgskette *Bolska kruna* liegt Bol (1300 Ew.), der älteste Ort an der Südküste von Brač. ★ Sein touristisches Markenzeichen ist das *Zlatni rat* (Goldenes Horn), eine von goldfarbenem Strand umsäumte grüne Landzunge von 500 m Länge, deren Spitze durch die Kraft von Wellen und Wind mal zur einen, mal zur anderen Seite züngelt. Auf dem Südteil badet man »mit«, auf dem Nordteil »ohne«. Surfer schätzen die günstigen Winde im *Hvarski kanal,* der zwischen Brač und der Insel Hvar verläuft. An dem von Kiefernwald beschatteten Promenadenweg, der das Zlatni rat in 30 Gehminuten mit dem Stadtzentrum verbindet, sind vor kleine Badebuchten mehrere Hotelanlagen gebaut. Vom gepflegten *Hotel Ela-*

phusa mit beheiztem Meerwasserhallenbad im Haus *(300 Betten, Tel. 021/63 52 88, Fax 63 51 50, €€)* sind es nur wenige Gehminuten zum Tenniszentrum (21 Sandplätze). Ein Platz für Romantiker: In einer kleinen Seitenstraße oberhalb des Hafens liegt die kunstvoll eingerichtete Villa Giardino umgeben von einem mediterranen Garten. Im Bett von Zimmer 104 hat Kaiser Franz Joseph am 18. April 1875 in Bol übernachtet *(Novi Put 2, Tel. 021/63 59 00, Fax 63 55 66, €€)*.

Rund um den kleinen Hafen von Bol pulsiert das Leben. Hier befinden sich auch das Touristbüro und die Tankstelle. Die *Galerija Bol* zeigt in ihrer ständigen Ausstellung Werke älterer und zeitgenössischer kroatischer Maler und Bildhauer. Die wechselnde Ausstellung widmet sich den jungen Künstlern *(tgl. 17–22 Uhr, 5 Kuna)*. In den beiden Cafébars *Moby Dick* und *Big blue* trifft sich vor allem die Jugend. Ein paar Schritte abseits vom Hafen liegt das romantische Gartenrestaurant *Ranč (Tel. 021/63 56 35, €)*. An lauschigen Plätzen serviert Ihnen die Familie *Lukšić* frische Langusten vom Grill. Die rustikale *Konoba Mlin*, eine alte Ölmühle, zählt zu den Toprestaurants von Bol *(Ante Starčevića 11, Tel. 021/63 53 76, €€)*.

Östlich des Hafens, auf der kleinen Halbinsel *Glavica*, steht das *Dominikanerkloster* (15. Jh.). Zur Sammlung des Klostermuseums gehört das Altarbild »Madonna zwischen den Heiligen«. Ein Werk von Tintoretto (1518–1594), das der Meister für 270 venezianische Dukaten verkauft hat, wie die ausgestellte alte Rechnung belegt *(tgl.*

MARCO POLO Highlights »Region Split«

★ **Diokletianpalast in Split**
Die einzige erhaltene Palastanlage aus der Römerzeit in Dalmatien (Seite 62)

★ **Museum Kroatischer Archäologischer Denkmäler in Split**
Zahlreiche Exponate aus frühchristlicher Zeit erzählen Geschichte (Seite 62)

★ **Trogir**
Meisterhafte Baukunst und mediterranes Flair (Seite 65)

★ **Stadt Hvar auf Hvar**
Dalmatiens schönstes Inselstädtchen (Seite 53)

★ **Brela**
Bekannt für wunderbare weiße Kieselstrandbuchten (Seite 58)

★ **Zlatni rat auf Brač**
Schöne Landzunge bei Bol, die ständig ihre Form verändert (Seite 48)

★ **Nostromo** (Insider Tipp)
Man genießt wunderbar zubereitete Fischgerichte (Seite 63)

★ **Blaue Grotte auf Biševo**
Meereshöhle mit zauberhaftem Farbenspiel (Seite 67)

10–12, 17–19 Uhr, 5 Kuna). In freiwilligen Kursen bildet das Gymnasium von Bol seine Schüler zu Insel- und Wanderführern aus. Man möchte damit den Kontakt zwischen Einheimischen und Gästen fördern. Beliebte Wanderziele sind die *Einsiedelei Blaca* (16. Jh.) mit Mönchszellen, Sternwarte und wertvollen alten Büchern. Von der Hochebene *Vidova gora* blickt man über die ganze Insel und auf die zerklüftete Küste der Nachbarinsel Hvar. *Auskunft: Tourist Info, Porat bolskih pomoraca, 21420 Bol, Tel. 021/63 56 38, Fax 63 59 72, www.bol.hr*

Gornji Humac **[120 B3]**

Das aus einer altkroatischen Siedlung gewachsene Dorf liegt auf der steinigen Hochebene von Brač, wo sich die Straßen aus Bol und Supetar kreuzen. Die mit Steinplatten belegten Dächer der Wohnhäuser sind mit Kalk geweißt, ein Desinfektionsmittel für das Regenwasser, das in Zisternen gesammelt wird. Im Dorf gibt es eine sehr urige, rustikale Gaststätte: In der alten Insider Tipp *Konoba Tomić (ab 18 Uhr, Tel. 021/64 70 18, €)* werden die Fleischstücke über dem offenen Kaminfeuer gegrillt und die Brote dazu im Holzofen frisch gebacken. *Vitalac* ist eine besondere Spezialität aus Innereien, die man hier auf Vorbestellung bekommen kann.

Insider Tipp **Milna** **[119 D5]**

Ein kleiner Ort an der Westküste von Brač, in dem die dalmatinische Lebensweise noch immer maßgeblich den Alltag bestimmt. Die palastartigen Gebäude rund um das Hafenbecken erinnern noch an die Blütezeit des heutigen Fischerortes (800 Ew.), damals wichtigster Umschlagplatz der Insel für Waren in und aus aller Welt. Mitte des 19. Jhs. wurden in Milna große Handelsschiffe gebaut. Heute kommen vor allem die Freizeitkapitäne mit ihren Yachten in die vor Wind und Wetter sichere Marina. Ein paar Tavernen und Cafébars, in denen auch die Fischer ihr Bier trinken, ein Hotel und Lädchen für den täglichen Bedarf reichen aus für die wenigen Gäste, die nach Milna kommen *(450 Gästebetten, meist in Privatquartieren). Auskunft: Tourist Info, 21405 Milna, Tel. 021/63 62 33, Fax 63 65 05, tzo-milna@st.tel.hr*

Murvica **[120 B3]** Insider Tipp

Das Dorf (20 Ew.) ohne Wasserleitung (man spart mehr am Wasser als am Wein) liegt an der gebirgigen Südseite von Brač, 4 km von Bol entfernt. Seine einstöckigen, rustikalen Häuser sind interessante Beispiele für die traditionelle Bauweise des einfachen Volkes. Nur zu Fuß kommt man an die schönen, wenig besuchten Badebuchten unterhalb der Konoba *Tante Maria (€).* Kurz vor dem Dorf führt ein 3 km langer Weg hinauf zur *Drachenhöhle (Besichtigung auf Anfrage).* Im 15. Jh. war sie die Zufluchtsstätte der von den Türken verfolgten glagolitischen Priester. In Stein gemeißelte Reliefs an der Höhle zeugen von der Verschmelzung des christlichen Glaubens mit den heidnischen Mythen der Slawen.

Pučišća **[120 B2]**

Den stürmischen Angriffen der eisigen Bora ausweichend, verbirgt sich der Hafen mit dem Zentrum von Pučiašća am Ende einer fjordartig ins Land geschnittenen Meeresbucht. Der Marmor aus den nahe gelegenen Steinbrüchen bestimmt hier seit ewigen Zeiten das Leben. Auf der linken Seite des Hafenbeckens *(Nova Riva)* bildet die einzige Steinmetzschule Kroatiens seit über 100 Jahren den Nachwuchs im uralten Kunsthandwerk aus, inzwischen übrigens auch Mädchen. Durch die hohen Fenster können Sie zuschauen, wie die insgesamt 120 Schülerinnen und Schüler dem weißen Stein mit Hammer und Meißel kunstvolle, lebendig wirkende Formen verleihen. Am Hafenparkplatz gibt es ein Spezialgeschäft, in dem formschöne Schalen, Vasen, Leuchter, Springbrunnen oder Tische verkauft werden.

Selca **[120 C3]**

Die Autofähre von Makarska legt im Südosten von Brač, in *Sumartin,* an. Etwa 2 km landeinwärts liegt Selca, eine kleinstädtisch anmutende Ortschaft, in der alles aus dem Stein der Insel gebaut ist: Türschwellen und Stiegen, Balkons und deren Balustraden, Wasserrinnen und Traufen, sogar die Sitzbänke in den öffentlichen Anlagen. Am erstaunlichsten aber sind die Denkmäler von Selca: der russische Dichter Leo N. Tolstoi, der ehemalige deutsche Außenminister Hans Dietrich Genscher und Papst Johannes Paul II.

Škrip **[120 B2]**

Der Gipfel des Hügels mit dem Kirchturm, dem Kastell und den großen Wehrtürmen im historischen Teil des Ortes wirkt wie eine alte Märchenburganlage. Aus der Römerzeit, als hier Hunderte von Sklaven in den Steinbrüchen arbeiteten, stammen Sarkophage und das in den massiven Fels gehauene *Bassin* mit der Viehtränke neben dem Friedhof und der kleinen altkroatischen *Heiligengeistkirche* (10. Jh.). Vom Friedhof hat man einen wunderbaren Blick auf das fruchtbare Tal, das sich von der Nordküste ins Inselinnere erstreckt. Škrip ist die älteste Siedlung auf Brač, in der Illyrer, Römer und Kroaten deutliche Spuren hinterlassen haben. Der *Radojković-Turm,* der auf ein gut erhaltenes römisches Mausoleum (3. Jh.) gebaut wurde, beherbergt das *Heimatmuseum (tgl. 10–18 Uhr, 10 Kuna, wenn in dieser Zeit verschlossen, im Haus nebenan klopfen).* Morgens wird man im kleinen Hotel *Herkules (20 Betten, Tel./Fax 021/35 00 98, €)* vom Glockengeläut der Ziegen und Schafe geweckt. Zur Herberge gehört auch eine Konoba, die für die Zubereitung der Speisen nur Inselprodukte verwendet.

Insider Tipp

Supetar **[120 B2]**

Die Autofähren aus Split legen im neuen Hafen an. Direkt hinter dem Kai starten Linienbusse, die alle Inselorte mit Supetar verbinden. Zur Westseite schließt sich halbkreisförmig das alte Hafenbecken an, in der ersten Reihe umstellt von einigen klotzigen Verwaltungsgebäuden mit farbigen Fassaden, von den k. u. k.-Österreichern zu Beginn des 19. Jhs. gebaut. Seit dieser Zeit ist Supetar die »Hauptstadt« von Brač. Heute ist es auch das wirtschaftliche, kulturelle und touristische Zentrum der Insel. Die rustikalen Häuschen mit kleinen Fenstern und schmuckvollen, hohen Schornsteinen im Altstadtkern der einstigen Fischer- und Bauernsiedlung sind inzwischen von modernen Villen und Wochenendhäusern umstellt. In der Antike hatten hier wohlhabende Römer ihre Besitzungen. Auf der Landzunge *Sveti Nikola,* westlich vom alten Hafen, hinter dem Stadtstrand *banj,* sind neben dem Friedhof noch die Restmauern einer römischen *Villa rustica* zu erkennen. An der kleinen Friedhofskirche stehen zwei Sarkophage aus altchristlicher Zeit, umgeben von skulpturgeschmückten Grabmälern reicher Einwohner von Brač. Unübersehbar ist das Mausoleum im orientalisch-byzantinischen Stil. Das *Grabmal* wurde 1924 vom Bildhauer Toma Rosandić im Auftrag des Reeders Frane Petrinović gebaut. Die wohlhabende Reederfamilie aus Brač hatte in Chile ein Vermögen mit dem Abbau von Salpeter verdient.

Zwischen der Landzunge und der Bucht Vela Luka befindet sich das touristische Zentrum von Supetar. Vor den flach ins Meer abgleitenden Kieselstrandbuchten spendet ein parkartig angelegter Pinienhain angenehmen Schatten. Viele Sportangebote, Tennis, Tischtennis, ein großer Süßwasserpool, Fahrrad- und Bootsverleih sowie eine Tauchschule unter deutscher Leitung finden Sie im gepflegten *Hotel Kaktus (220 Betten, Tel. 021/63 02 00, Fax 63 13 44, €€).* Nebenan befinden sich die zur Hotelanlage gehörenden *Apartments Kaktus (400 Betten, €)* in einstöckigen Reihenhäusern mit Wohnungen für zwei bis fünf Personen. Der Campingplatz *Supetar (Tel. 021/63 00 22),* östlich vom Ortszentrum in einem Kiefernwald gelegen, kann 600 Gäste aufnehmen.

Dalmatinische Spezialitäten, beispielsweise hausgemachte Fischpastete oder Krebse und Hummer bekommen Sie im gemütlichen alten Weinkeller *Vinotoka (Jobova 6, Tel. 021/63 09 69, €€).* Kiwi- und Granatäpfelbäume säumen malerisch die Terrasse des Restaurants *Jastog.* Auf dem offenen Holzkohlegrill brutzelt Miro neben Fisch und Fleisch auch Gemüse für das vegetarische Angebot *(Bana Josipa Jelačića 6, Tel. 021/63 11 61, €€).*
Auskunft: Tourist Info, Porat 1, 21400 Supetar, Tel./Fax 021/63 05 51, www.supetar.hr

SCHIFFSVERBINDUNGEN

Split–Supetar/Brač in der Saison bis zu elfmal tgl.; *Makarska–Sumartin/Brač* bis zu dreimal tgl.

HVAR (INSEL)

[120 A–D 3–4] Hvar, das ist ein Arrangement aus türkisblauen Buchten, Olivenhainen, Weingärten, grünem Pinienwald und dem betörenden Duft von Rosmarin und Lavendel. In historischen Städtchen künden schmuckvolle Kirchen und Paläste von früherer Macht. In den Dörfern sind die rustikalen Häuschen der Bauern und Fischer einfach und zweckmäßig gebaut. Jedes dieser typisch mediterranen Details wird man in der gesamten dalmatinischen Inselwelt immer wieder entdecken können. Doch auf der Insel Hvar setzen sie sich aufs Vortrefflichste zu einem eindrucksvollen Stimmungsbild zusammen. Der Poet Ante Tresić-Pavičić beschreibt sie liebevoll als »... Schmetterling, der auf Wellen träumt«.

Etwa 70 km misst diese »schlanke Schöne« in ihrer Länge, 4–11

Gebirgig und grün: Hvar, die sonnigste Insel Dalmatiens

km in der Breite. Im Jahr lacht auf Hvar 2724 Stunden lang die Sonne. Für die gut 11 000 ständigen Inselbewohner ist es kein Problem, in der Saison mehr als die doppelte Anzahl Urlauber gleichzeitig aufzunehmen. Gäste kommen rund ums Jahr, denn auch im Winter ist das gesunde Klima angenehm mild. Diese Zeit eignet sich am besten für ausgedehnte Wanderungen über die Insel.

Der Tourismus konzentriert sich auf den Einzugsbereich der vier wichtigsten Inselorte, die alle im Norden von Hvar liegen, auf die Stadt *Hvar* an der Seeseite, auf *Stari Grad*, *Vrboska* und *Jelsa*, die dem Festland zugewandt sind. Nach *Zavala*, *Ivandolac* und *Sv. Nedjelja*, Dörfer, die alle zur Gemeinde Jelsa gehören, führt ein 1000 m langer, einspuriger Tunnel bei *Pitve*. Man kann ihn nur passieren, wenn kein entgegenkommendes Fahrzeug zu sehen ist. Diese kleinen Fischerorte abseits vom Touristentrubel sind bei Surfern und Tauchern sehr beliebt. Kaum besiedelt ist die Insel zwischen Jelsa und dem 43 km entfernten Ostende *Sućuraj*. Dem bösartigen alten Fluch der Einwohner: »Sollst du doch auf den Straßen von Hvar umkommen!«, wurde inzwischen durch größtenteils neue, breitere Fahrbahnen und den Tunnel zwischen Stari Grad und der Stadt Hvar der Wind aus den Segeln genommen. Am Tage bietet die alte Serpentinenstraße herrliche Ausblicke auf die Adria und die gegenüberliegende Insel Brač.

ORTE AUF HVAR

Hvar (Ort) **[120 A3]**

★ Das wirkungsvollste Bild auf dieses mediterrane Kleinod (4000 Ew.) gewährt die Totale, und zwar vom Meer her in Augenschein genommen. Mit einem Blick umfasst man die von Palmen gesäumte Riva und die sieben Jahrhunderte alten Wehrmauern, die sich bis zur Festung *Španjol* (16. Jh.) den Hang hinaufziehen. Oberhalb davon steht die 1811 von den Franzosen erbaute *Festung Napoleon.* Die wichtigsten Kirchen, Klöster und Paläste stammen aus der Blütezeit von Hvar, als die Seemacht Venedig die Stadt übernahm und sie vom 15. bis 18. Jh. zu einem wichtigen Stützpunkt in der Ostadria ausbaute. Im geschützten Hafen von Hvar überwinterte in früheren Zeiten die venezianische Flotte. Jetzt kommen Kreuzfahrtschiffe mit Passagieren aus aller Welt, um das mondäne Flair des Ortes für ein paar Stunden zu erleben.

Zur rechten Seite vom kleinen alten Hafenbecken öffnet sich der weitläufige, mit blank getretenen Steinplatten ausgelegte Hauptplatz *Trg Sv. Stjepana.* An der Stirnseite steht der Dom *Sv. Stjepan* (gebaut vom 13. bis 18. Jh.) mit seinem filigranen Glockenturm. Hvar ist seit 850 Jahren Bischofssitz. Der Domschatz aus Dokumenten, Gemälden, Messgewändern und liturgischen Gefäßen ist im *Bischofspalast* nebenan zu sehen *(tgl. 9–12 und 17–19 Uhr, 10 Kuna).* Auf dem Hauptplatz steht der große *Stadtbrunnen* von 1520.

Ein Arkadenbogen von 10 m Breite überspannt das zum Hafen gerichtete Tor des *Arsenals,* in dem früher die venezianischen Kriegsgaleeren repariert wurden. Das kleine *Theater,* in Europa eines der ersten kommunalen Theater der Neuzeit, wurde 1612 ins Obergeschoss gebaut. In den Räumen nebenan ist zeitgenössische kroatische Kunst ausgestellt. An die prächtige Fassade der *Stadtloggia* mit dem *Uhrturm* lehnt sich seit 1903 die älteste Herberge der Stadt, das *Hotel Palace (148 Betten, Tel. 021/74 19 66, Fax 74 24 20, €€€).*

In den Inselhauptort Hvar kamen schon im 19. Jh. Touristen

Richtung Meer rechts entlang führen Spazierwege durch den Stadtpark zu den modernen Hotels *Amfora (650 Betten, Tel. 021/ 74 12 02, Fax 74 20 14, €€ bis €€€)* und *Pharos (356 Betten, Tel. 021/74 10 28, Fax 74 20 14, €€)*. Etwa 200 m entfernt feiert ein vorwiegend junges Publikum die dalmatinischen Nächte in der Openairdisko *Veneranda (tgl. 22–4 Uhr, 20 Kuna)*.

Auf der linken Seite des Hafens, gegenüber vom Hotel *Slavija (117 Betten, Tel. 021/74 18 20, Fax 74 10 14, €€)* legen die Autofährschiffe an. Geht man auf der Promenade noch etwa 200 m weiter, sieht man das auf einer kleinen Landzunge gelegene und von einem herrlichen Garten umgebene *Franziskanerkloster* (15. Jh.). Im ehemaligen Refektorium ist eine sehenswerte Kunst- und Botaniksammlung untergebracht: Gemälde alter Meister, Münzen, handbemalte Bücher *(tgl. 9–12, 17–19 Uhr, 10 Kuna)*. In den Sommermonaten werden im Kreuzgang regelmäßig klassische Konzerte veranstaltet. Die stimmungsvolle Atmosphäre des Klosters macht diese Musikabende zu einem eindrucksvollen Erlebnis.

Im Stadtteil Groda, auf der Nordseite vom Hauptplatz, klöppeln Benediktinerinnen hauchdünne Spitzendeckchen aus feinen Fäden, die aus den Fasern von Agavenblättern gesponnen sind. Die Decken zählen zu den offiziellen Staatsgeschenken der Republik Kroatien. Nur in der Abtei selbst, an der Treppe zur Festung, werden diese kleinen Kunstwerke verkauft. An diesem Weg finden Sie auch einige gemütliche Restaurants, z. B. das *Leporini (Tel. 021/74 13 83, €€)* und das *Macondo (Tel. 021/74 18 51, €€)*, wo bei kühler Witterung ein Kaminfeuer wärmt.

Ob zu Fuß oder mit dem Auto, der 3 km lange Weg hinauf zum alten Wachhaus, das die Österreicher 1832 bauten, lohnt sich aus mindestens zwei Gründen: Erstens hat man von der Terrasse des jetzigen Gasthauses *Panorama (Tel. 021/74 25 15, €€)* einen herrlichen Blick auf die Stadt und die vorgelagerten *Paklenski otoci* (Harz- oder Teufelsinseln), und zweitens gibt es hier auf Vorbestellung eine besondere Spezialität: Lamm oder Fisch unter der Glocke *(peka)* im Holzkohlefeuer gegart.

Zu den dicht bewaldeten *Paklenski otoci*, beliebt wegen ihrer schönen Badestrände auf der Südseite, fahren Taxiboote vom Hafen nach *Sv. Klement* oder *Jerolim* (FKK). *Auskunft: Tourist Info, Trg Sv. Stjepana, 21450 Hvar, Tel. und Fax 021/74 10 59, www.hvar.hr*

Stari Grad **[120 B3]**

Das Zentrum des Ortes, umgeben von Weingärten, liegt am Ende einer 6 km langen, fjordartigen Bucht. Stari Grad (1700 Ew.) ist die älteste Siedlung auf Hvar, von den alten Griechen im 4. Jh. v. Chr. unter dem Namen Pharos angelegt. Ihren Sieg über die zu dieser Zeit bereits ansässigen Illyrer belegt eine Schrifttafel im Museum des *Dominikanerklosters (tgl. 10–12 und 18–21 Uhr, 7 Kuna)*. In der Ausstellung ist auch ein interessantes Bild zu sehen, das der venezianische Meister Tintoretto im Auftrag des großen kroatischen Dichters Petar Hektorović im 16. Jh. schuf. Auf dem sakralen Gemälde sind nämlich der Poet selbst und auch seine Tochter Lucrezia verewigt.

An der Hafenpromenade steht der einstige *Landsitz von Hektorović.* Im Innenhof des Palastes umschließt ein Arkadengang das von Meerwasser gespeiste Fischbassin, in dem sich die Meeräschen tummeln. Wenn sie alle im Zirkel schwimmen, dann soll es angeblich Regen geben. Schmuckstück des Gartens ist ein über 100 Jahre alter Magnolienbaum *(tgl. 10–13 und 17–21 Uhr, Eintritt 10 Kuna).*

Für Archäologiefans: An der kleinen Kirche *Sv. Ivan* (6. Jh.) wurden Teile der alten Stadtmauer aus griechisch-illyrischer Zeit freigelegt und konserviert. Diese Arbeiten sind im *Biankini Palast (tgl. 10–13 und 17–21 Uhr, 10 Kuna)* dokumentiert.

Fürs leibliche Wohl ist überall im Städtchen gesorgt. Beliebte Restaurants am Hafen: das *Kod Barba Luke (Onkel Luka, Tel. 021/76 52 06, €€)* und das *Odissey, Tel. 021/76 55 56, €€.* Letzteres verwendet vorwiegend Bioprodukte aus dem eigenen Garten in der Küche.

Etwa 1500 m vom Ortszentrum entfernt stehen in unmittelbarer Nachbarschaft zueinander das Hotel *Arkada (580 Betten)* und die Bungalowsiedlungen *Trim (128 Betten)* und *Helios (526 Betten).* Zu dieser Ferienanlage *(Tel. 021/76 55 55, Fax 76 51 28, hotelihelios@st.tel.hr, €€)* gehört ein Sportzentrum mit 6 Tennisplätzen, Minigolf, Boccia, Tischtennis und Fahrradverleih. Am Strand werden Boote vermietet, denn die schönsten Badebuchten sind nur vom Wasser her zu erreichen. *Auskunft: Tourist Info, Nova Riva 2, 21460 Stari Grad, Tel./Fax 021/76 57 63, tzg-stari-grad@st.tel.hr*

Vrboska und Jelsa **[120 B3]**

Die beiden in geschützten, bewaldeten Buchten malerisch gelegenen Fischerorte sind durch einen rund 1,5 km langen Spazierweg entlang der Küste *(Lungomare)* miteinander verbunden. Auf der Straße fährt man etwa 5 km von Jelsa nach Vrboska. Beliebt bei Stammgästen sind vor allem Privatquartiere. Am Stadtplatz von Jelsa (1700 Ew.) stehen ein paar schöne alte Bürgerhäuser sowie die barocke Kirche *Sv. Ivan.* Im rustikalen Restaurant *Arsenal (Tel. 21/76 20 00, €),* am Ende der Hafenmole, wird Ihnen schmackhafte Hausmannskost serviert. Beim Hotel *Mina (400 Betten, Tel. 021/76 11 22, Fax 76 12 44, €€),* 10 Gehminuten vom Zentrum, gibt es eine Tauchschule unter deutscher Leitung.

Jedes Jahr Ende August feiert Jelsa drei Tage lang die *Dani Vina* (Weintage) mit Feuerwerk, Spiel und Tanz sowie einer großen Technoparty. Zum Höhepunkt des Festes erstrahlt die ganze Bucht im Fackellicht, das die Fischer auf ihren Booten entzünden.

Im kleinen Ort Vrboska (500 Ew.) thront die fast fensterlose Kirchenfestung *Sv. Marija* (16. Jh.) mit ihren beiden Wehrtürmen auf einer kleinen Anhöhe über der Altstadt. Das Gemälde, das einst ihren Altar schmückte, befindet sich jetzt in der Pfarrkirche *Sv. Lovrinac* (15. Jh.). Vermutungen nach könnte es ein Werk von Tizian oder Paolo Veronese sein. Hingegen dokumentiert das kleine *Fischereimuseum* mit handfesten Beweisen die Geschichte des Fischfangs auf Hvar

Abendstimmung auf der Fähre nach Hvar

(geöffnet auf Anfrage). Auskunft: Tourist Info Jelsa, 21465 Jelsa, Tel./Fax 021/76 10 17; Tourist Info Vrboska, 21453 Vrboska, Tel./Fax 021/77 41 37 (auch Auskunft über Privatunterkünfte)

SCHIFFSVERBINDUNGEN

Mehrmals tgl. *Split–Stari Grad/Hvar* sowie *Drvenik–Sućuraj/Hvar;* tgl. *Rijeka–Dubrovnik;* bis zu viermal wöchentl. *Ancona/Italien–Split– Stari Grad/ Hvar,* einmal pro Woche *Ancona– Vis–Stari Grad/ Hvar–Vela Luka/Korčula*

MAKARSKA RIVIERA

[120–121 C–D 2–4] Hinter den weißen Kieselstrandbuchten, gesäumt von grünem Pinienwald, drängen sich Weingärten und Olivenhaine auf einem schmalen, fruchtbaren Saum zwischen der Adria und dem *Biokovo-Gebirge,* dessen höchster Gipfel, der *Sveti Jure,* mit majestätischen 1762 m schroff in den Himmel ragt. Wie ein mächtiges Bollwerk, kahl und ockerfarben, erheben sich die steilen Karstfelsenwände zur Meerseite. Dieser Gegensatz auf engem Raum ist das augenfälligste Merkmal der 60 km langen Makarska Riviera, die die wohl schönste Ferienregion an der mitteldalmatinischen Festlandsküste ist.

An *Brela,* den nördlichsten Ort der Makarska Riviera, reihen sich *Baška Voda, Promajna, Makarska, Tučepi, Podgora, Igrane, Živogošće, Drvenik, Zaostrog* und *Gradac* dicht aneinander. Alle diese am Meer gelegenen Orte haben noch ein höher gelegenes Pendant direkt unter den Felswänden. In diesen Zufluchtsstätten fanden die Küstenbewohner über Jahrhunderte Schutz vor Angriffen und Überfällen von Piraten und feindlich gesinnten Eroberern. Vereinzelt sind die eng zusammenstehenden Häuschen heute noch bewohnt. Die Ersten, von denen die Bewohner der Makarska Riviera nichts zu fürchten hatten, waren die Touristen, die ab 1970 in Scharen anrückten – angelockt vom Sonnenschein, vom blauen Adriawasser und von der spektakulären Naturkulisse.

Mit 17 000 Hotelbetten, 50 000 Betten in Privatquartieren, 15 000 Apartmentbetten, Camping, Marinas, Sportplätzen, Tavernen und Restaurants wird die Makarska Riviera seit etwa 1970 von der Ferienindustrie beherrscht.

ORTE AN DER MAKARSKA RIVIERA

Baška Voda [119 F5]

Der viel besuchte Ferienort mit allem, was das Urlauberherz begehrt, ist einer der ältesten an der Makarska Riviera. Im Hinterland wachsen Trauben, Oliven, Kirschen und Feigen. Baška Voda reicht bis an das benachbarte Brela. Wo die beiden Ortschaften sich begegnen, liegt unten am Strand unter freiem Himmel die Insider Tipp urige Cocktailbar *Južnjačka Utjeha*, ein stimmungsvoller Platz in lauen Sommernächten. *Auskunft: Tourist Info, Obala Sv. Nikole 71, 21320 Baška Voda, Tel. und Fax 021/ 62 07 10, www.baskavoda.hr*

Brela [119 F5]

★ Strände wie auf einer Postkartenidylle: Weiße Kieselbuchten, gesäumt von üppigem Kiefernwald, der sich noch ein Stück den Hang hinaufzieht, sind das Markenzeichen von Brela. In den meisten der um den alten, gepflegten Ortskern neu gebauten, eleganten Villen werden Zimmer und Apartments vermietet. Ob Windsurfen, Wasserski oder Fahrten mit dem Paddelboot, Wassersport wird in Brela groß geschrieben. Die Adria-Magistrale verläuft oberhalb der Ortschaft. Erstes Haus am Platz ist das *Hotel Soline (398 Betten, Tel. 021/60 32 07, Fax 61 85 01, €€)* direkt am Strand. *Auskunft: Tourist Info, Obala kneza Domagoja, 21322 Brela, Tel./Fax 021/ 61 83 37, www.brela.hr*

Gornji Tučepi [120 C3]

Gornji Tučepi (Alt-Tučepi) ist Ausgangspunkt für Wanderungen auf den höchsten Gipfel des Biokovo-Gebirges, den 1762 m hohen *Sveti Jure*. Der mindestens dreistündige Aufstieg beginnt rechts von der Dorfkirche. Denken Sie an zweckmäßige Kleidung: Morgens und abends ist im Gebirge mit einem Temperaturunterschied zur Küste von mindesten 6 bis 7 Grad Celsius zu rechnen.

Die Küstenlandschaft bei Brela ist von Kiefernwäldern geprägt

Fast bis an den Gipfel führt außerdem eine schmale, kurvige Straße (40 km) durch den Naturpark *(Mautgebühr 15 Kuna)*. Den Ausflug ins Biokovo-Gebirge sollte man nur bei wirklich klarem Wetter machen. Ansonsten besteht leicht die Gefahr, dass man im Bereich des Gipfels in dichtes Wolkentreiben kommt.

Makarska **[120 C3]**

Das geschichtsträchtige Hafenstädtchen (13 000 Ew.) ist das touristische Zentrum der nach ihm benannten Makarska Riviera. Ein schattiger Promenadenweg verbindet gleich ein halbes Dutzend wenig attraktiver Hotelquartiere entlang der weit geschwungenen Bucht *Donja luka* bis zur bewaldeten *Halbinsel Sv. Petar.* Den Sommer über haben die fliegenden Händler hier ihre Verkaufsstände neben Kinderkarussells und Bierbuden aufgebaut.

Auf der Rückseite der Halbinsel liegt der malerische Hafen mit dem Anleger für die Autofähre nach Sumartin/Insel Brač. Hinter der Hafenmole münden die engen Gassen des kleinen Altstadtkerns auf den *Kačićev trg* mit dem Denkmal des Dichters *Andrija Kačić-Miošić* (1704–1760) unterhalb der Pfarrkirche *Sv. Marko* (18. Jh.).

Von der mit Blumen geschmückten Terrasse des Restaurants *Susvid* kann man das Leben auf dem Hauptplatz des Ortes betrachten – zur Küche von Zdenko Vujčić, der die Fleischgerichte des Biokovo (Lammfleisch) und die Fischgerichte der Küste *(brodetto)* nach traditionellen Rezepten zubereitet. *Kačićev Trg 9, Tel. 021/61 27 32,* **€€**.

Beste Aussichten auf den Hafen bietet das kleine, elegante Stadthotel *Biokovo*, das direkt an der Hafenpromenade liegt. Zum Hotel gehört ein beliebtes Café mit großer Terrasse vor dem Haus, von der aus man das Leben des Städtchens auf sich wirken lassen kann *(113 Betten, Obala Kralja Tomislava, Tel. 021/61 52 44, Fax 61 50 81, hotelbiokovo@st.tel.hr ,* **€€**)

Auskunft: Tourist Info, Obala Kralja Tomislava, 21300 Makarska, Tel./Fax 021/61 20 02, tzg-makarska@st.tel.hr

Omiš **[120 B2]**

Zwischen der Makarska Riviera und Split liegt die Stadt Omiš (5000 Ew.) am gewaltigen Canyon, der das Mosor-Gebirge durchbricht und das Wasser des Flusses Cetina zum Meer leitet. Bevor die Stadt im 15. Jh. als Besitz des Königreiches Bosnien an Venedig fiel, hatten die Neretvaner hier ihren letzten Hauptsitz. Nach der letzten Strafexpedition im 13. Jh. sind die über 500 Jahre im gesamten Adriaraum als Piraten Gefürchteten aus der Geschichte völlig verschwunden.

Von der Ruine der *Festung Starigrad,* 311 m über der Stadt, hat man einen wundervollen Blick. Es lohnt sich auch, die wildromantische *Cetina-Schlucht* ein Stück hinaufzufahren. Kleine Boote *(20 Kuna)* tuckern von Omiš in einer halben Stunde bis zur Wassermühle *Radmanove mlinice,* einem beliebten Ausflugslokal und Ausgangspunkt für schöne Wanderungen durch das grüne Mosor-Gebirge. *Auskunft: Tourist Info, Trg Kneza Mislava, 21310 Omiš, Tel./Fax 021/86 13 50, tzomis@st.tel.hr*

Tučepi [120 C3]

Längst nicht so städtisch wie Makarska, aber ebenso lebhaft, ist Tučepi mit seinem 3 km langen Kieselstrand. Das *Hotel Alga (620 Betten, Tel. 021/60 12 02, Fax 60 12 04, €€)* wurde sehr geschmackvoll renoviert. Gleich nebenan befinden sich die 112 Apartments in den zweigeschossigen Häusern der Anlage *Afrodita (Tel. 021/60 15 05, Fax 60 15 07, €€)*. Vom Zentrum des Ortes wandert man eine halbe Stunde hinauf zum Bergdorf *Gornji Tučepi*. In einem Olivenhain am östlichen Ortsrand speisen Sie in der liebevoll dekorierten Konoba Ranč an Tischen aus Olivenholz *(Kamena 64, Tel. 021/62 35 63, €)*. *Auskunft: Tourist Info, Kraj 46, 21325 Tučepi, Tel./Fax 021/ 62 31 00, www.tucepi.com.*

Insider Tipp

Steinhäuser in Grohote auf Šolta

Šolta (Insel)

[120 A2] Nur 15 km liegt Šolta (57 km², 1500 Ew.) vom Festland entfernt. Der Kontrast zwischen der quirligen Hafenstadt Split und dem ländlichen Idyll dieser 19 km langen Insel mit ihren acht winzigen Ortschaften könnte nicht größer sein. An den Sommerwochenenden kommen die Städter scharenweise zum Baden hierher. Alle Dörfer sind mit asphaltierten Straßen verbunden. Die abgelegenen, schönen Buchten auf der fast unbewohnten Südseite erreichen Sie jedoch nur zu Fuß oder mit dem Boot. Früher lebten alle Inselbewohner ausschließlich von der Landwirtschaft und dem Meer, heute pendelt die Hälfte der Bevölkerung täglich zum Arbeitsplatz auf dem Festland. Šolta hat bis auf eine Hotel- und Apartmentsiedlung in der Bucht von *Nečujam* keine weiteren Bettenburgen; dafür aber viele private Ferienhäuschen, die sich in gut verträglicher Form ins Bild der Insel einfügen. Weite Bodenflächen sind noch immer von der fast rund ums Jahr blühenden Macchia überwuchert, die Hasen und Rebhühnern Schutz gewährt und in der fleißige Bienen würzigen Honigtau sammeln.

Grohote ist das Zentrum der Inselgemeinde. In der windgeschützten Bucht mit dem Fischerdorf *Maslenica*, am Westende von Šolta, machen die Skipper gern einen Zwischenstopp auf ihrem Weg von Rijeka nach Dubrovnik. Ihr sind sieben kleine, unbewohnte »Robinsoninseln« vorgelagert. Früher haben die Kapitäne aus dem Ort *Stomorska* auf ihren Segelschiffen Kalk und Wein über die Adria transportiert. Heute gehen sie mit Urlaubern an Bord auf nostalgische Kreuzfahrt durch die Inselwelt. Viel Seemannsgarn wird noch immer in den gemütlichen Kneipen rund um den fotogenen Hafen gesponnen.

SCHIFFSVERBINDUNGEN

Autofähre bis zu fünfmal tgl. *Split–Rogač/ Šolta;* außerdem, aber nur für den Personenverkehr, das Tragflügelboot, das in knapp 30 Min. von Split nach *Rogač* fährt.

AUSKUNFT

Tourist Info Šolta
21430 Grohote, Tel. 021/ 65 41 51, Fax 65 41 30 (auch Infos zu Privatunterkünften)

SPLIT

Karte in der hinteren Umschlagklappe

[119 D–E 4] Der mächtige *Diokletianpalast* auf der rechten Seite der Altstadtzeile, davor die von Blumen, Palmen und bunten Flaggen gesäumte Hafenpromenade, links davon die grüne Halbinsel mit dem Hügel *Marjan,* im Wasser große und kleine Schiffe, die auf die mediterrane Großstadtkulisse langsam zusteuern: Split (200 000 Ew.), größte Stadt in Dalmatien, Metropole von Wirtschaft und Handel, Verwaltung und Bildung, Kunst und Kultur, hat viele Gesichter. Ihr schönstes ist jenes, mit dem sie zur Adria hinausblickt.

Den Grundstein für Split legte der römische Kaiser Diokletian, ein romanisierter Illyrer (regierte

Kathedrale Sv. Duje in Split

284–305), indem er sich hier, in der Nähe seiner Heimatstadt Salona (heute Solin), einen prunkvollen Alterssitz bauen ließ. Als Salona später von den einwandernden Slawen und Awaren zerstört wurde, flüchtete sich die Bevölkerung in die alte Palastanlage und passte sie ihren Bedürfnissen an, indem sie u. a. das Mausoleum des letzten römischen Christenverfolgers Diokletian zur Kathedrale *Sv. Duje* umbaute.

SEHENSWERTES

Für einen Kurzaufenthalt in Split empfiehlt es sich, zuerst den *Diokletianpalast* mit der unmittelbar anschließenden *Altstadt* zu besuchen. Verweilen Sie zwischendurch

Eine Säule des Diokletianpalastes

für mindestens einen Espresso im *Peristyl*, auf dem *Narodni trg* oder auf dem *Trg Brače Radica*, um die lebendige Atmosphäre in diesen historischen Mauern mit Muße zu erleben.

Diokletianpalast

★ Diese römische Palastanlage (180 m mal 215 m) ist die einzige erhaltene überhaupt und das bedeutendste Bauwerk aus der Römerzeit in Dalmatien. Betritt man den Palast durch das *Seetor*, erkennt man zur rechten und linken Seite die kunstvoll gemauerten Kellergewölbe, die einen Eindruck vom Grundriss der einst darüber gelegenen kaiserlichen Gemächer vermitteln. Geradeaus, an den Kunst- und Schmuckständen vorbei, kommt man ins *Peristyl*, in den von korinthischen Säulen eingerahmten Innenhof mit einem Café. Rechts davon liegt die Kathedrale *Sv. Duje*, das umgebaute Mausoleum von Kaiser Diokletian. An der Domtür befinden sich 28 kunstvoll geschnitzte *Holzreliefs* von 1214. Vom Peristyl geradeaus gelangt man durch die *Porta aurea* (Goldenes Tor) an die Nordseite der Palastmauer. Hier steht die fast 8 m hohe *Bronzestatue* des für die frühchristliche kroatische Geschichte wichtigen Bischofs Gregor von Nin. Es soll Glück bringen, wenn man seine schon ganz abgegriffene Schuhspitze berührt. Auch diese Skulptur ist ein Werk des Bildhauers Ivan Meštrović. Die *Porta argentea* (Silbernes Tor) führt zu den Souvenirständen längs der Palastmauer und zum Markt auf der Ostseite. Die Altstadt betritt man durch die *Porta ferrea* (Eisernes Tor). Man kommt dann auf den *Narodni trg* (Volksplatz) mit dem *Alten Rathaus*, in dem das Ethnografische Museum untergebracht ist.

Insider Tipp

Marjan

Vom Diokletianpalast sind es rund 15 Min. Fußweg zur Aussichtsterrasse auf halber Höhe des Hügels Marjan (178 m). Unweit gibt es einen kleinen Zoo und einen Kinderspielplatz.

MUSEEN

Archäologisches Museum

Hier werden u. a. die schönsten Fundstücke aus den antiken Ruinen von Salona gezeigt. *Di–Sa 9–12, 17–21, So 9–12 Uhr, 10 Kuna, Zrinjsko-Frankopanska ul. 25*

Museum Kroatischer Archäologischer Denkmäler

★ Das in einem modernen Gebäude untergebrachte Museum ist allein deshalb schon sehenswert, um die Kroaten verstehen zu lernen, die sich heute mehr denn je auf ihr frühmittelalterliches Königreich besinnen. Teile der Ausstellung sind das *Taufbecken* aus Nin (9. Jh.) des ersten christlichen kroatischen Fürsten Višeslav, der Sarkophag von

Königin Jelena, Frau von König Krešimir (10. Jh.). Auf Steintafeln typische Symbole des altkroatischen Christentums: der Vogel mit der Kornähre, rankende Wein- und Olivenbaumblätter. *Mo–Sa 9–20 Uhr, 10 Kuna, Gunjačina*

ESSEN & TRINKEN

Insider Tipp

Nostromo

★ Direkt neben dem Fischmarkt hat der Galerist Zlatko Marinovich sein winziges Gourmet-Fischrestaurant (40 Plätze) eröffnet. Von den Händlern, die hier schon frühmorgens auf einen Kaffee hereinschauen, bekommt er die Tipps, welche Delikatessen der Markt anbietet. Unbedingt reservieren. *Kraj Sv. Marije 10, Tel. 021/33 23 47,* **€€€**

Pizzeria Fortuna

Hinter dem Tempel des Jupiter speisen Sie preiswert in teils uraltem romanischen Gemäuer. *Adamova 2, Tel. 021/34 38 20,* **€**

ÜBERNACHTEN

Marjan

Renovierte, zweckmäßig eingerichtete Zimmer. In den unteren Etagen schöner Blick über das Meer und in den Hafen. Das Hotel befindet sich direkt neben der Altstadt. *200 Betten, O. Kneza Branimira 8, Tel. 021/34 28 66, Fax 34 29 30,* **€€**

Park

Stilvolle Eleganz und mediterraner Charme vereint das ruhig gelegene, kleine Stadthotel unweit des Stadtstrandes Bačvice, 25 Gehminuten von der Altstadt entfernt. *105 Betten, Hatzeov perivoj 3, Tel. 021/40 64 01,* **€€**

AM ABEND

Abends flaniert man durch die engen Gassen und über die Hafenpromenade, hockt in den Straßencafés und betrachtet das bunte Leben – bis 24 Uhr, dann werden in der Altstadt alle Lokale geschlossen. Nachtschwärmer wechseln hinüber zum Stadtstrand Bačvice (ca. 20 Gehminuten), der sich mit seinen Bars, Musikkneipen, Diskos, Openairkino und Restaurants zum neuen Vergnügungsviertel der Stadt entwickelt hat.

SCHIFFSVERBINDUNGEN

Regionale Fährlinien ab Split zu den Inseln *Brač, Hvar, Korčula, Lastovo, Vis* und *Šolta.* Die Küstenlinie verbindet Split tgl. mit *Rijeka* und *Dubrovnik,* außerdem in der Saison fünfmal pro Woche *Split– Ancona/Italien.*

AUSKUNFT

Tourist Info Split

Trg Republike 2, 21000 Split, Tel, 021/35 50 88, Fax 35 53 58

ZIELE IN DER UMGEBUNG

Kaštela – Straße der Kastelle [119 D4]

Die Kaštela verläuft parallel zur Adria-Magistrale zwischen Split und Trogir. Sie verbindet vor den Hängen des Kozjakgebirges sieben am Meer gelegene Kastelle: *Sućurac, Gomilica, Kambelovac, Lukšić, Stari, Novi* und *Štafilić.* Um jedes hat sich eine kleine Ortschaft gebildet. Vor rund 500 Jahren wurden diese Festungen von Adeligen aus der Umgebung zum Schutz vor

Der Bildhauer Ivan Meštrović

Er gilt als einer der wichtigsten dalmatinischen Künstler des 20. Jahrhunderts

Auf das Schaffen Ivan Meštrović (1883–1962) trifft man auf der Reise durch Dalmatien immer wieder: monumentale Denkmäler, die an verdiente Persönlichkeiten erinnern. Der Künstler legte sich nicht fest: Sein großes Werk spiegelt die unterschiedlichsten Trends im Bereich der bildenden Kunst wider. Die ehemalige Sommervilla des kroatischen Bildhauers in Split birgt eine umfangreiche Sammlung seiner Werke. Auch im Garten sind viele seiner Skulpturen zu sehen. *Di–Sa 10–18, So 10–15 Uhr, 10 Kuna, Šetalište Ivana Mětrovića 46*

Türken und Seeräubern gebaut. Am schönsten ist das von den Benediktinerinnen auf einen Meeresfelsen gebaute *Kaštel Gomilica.* Die Kaštela ist ein beliebtes Ausflugsziel der Einwohner von Split. Man findet hier viele einfache, aber gute und günstige Pizzerien sowie Gasthäuser mit schönen Plätzen am Wasser. Im fruchtbaren Hinterland wachsen die Trauben des vorzüglichen Weines Kaštelet. Außerdem wird viel Obst und Gemüse angebaut, vor allem Kirschen. Übernachten können Sie im *Hotel Palace* in *Kaštel Stari (466 Betten, Obala kralja Tomislava 82, Tel. 021/20 62 70, Fax 23 08 52, €€):* nostalgischer Charme inmitten von üppigem Grün, direkt am Meer. *Auskunft: Tourist Info Kaštela, Dvorac Vitturi Brce 1, 21215 Kaštel Lukšić, Tel. 021/22 83 55, Fax 22 79 33, tzg-kastela@st.tel.hr*

Insider Tipp Klis **[119 E4]**

Über dem kleinen Dorf, 10 km von Split entfernt an der Straße nach Sinj gelegen, thront die alte Burg, die den Pass zwischen Mosor- und Kozjak-Gebirge überwacht. »Omelettefestung« wird sie scherzhaft genannt, weil man in früheren Zeiten ihre Mauern mit Eiern befestigt haben soll.

Da die Ruine vom Touristenschwarm nur wenig beachtet wird, kann man diesen interessanten strategischen Punkt zwischen fruchtbarer Küstenregion und kargem, steinigem Binnenland noch in Ruhe genießen.

Sinj **[119 E3]**

Der 35 km lange Weg von Split nach Sinj beantwortet die Frage, was sich wohl hinter den mächtigen Küstengebirgswällen verbirgt. Hinter Klis beginnt die *Zagora,* eine felsige, ziemlich ärmliche Karstlandschaft, in der nur die Täler *(Polje)* fruchtbare Ackerböden liefern. Am Rande des weiten, ebenen *Sinjsko polje,* durch das der Fluss Cetina fließt, liegt Sinj (4500 Ew.), in der Geschichte ständig von Türken und Venezianern umkämpft. Zuletzt 1715, als die Venezianer mit Unterstützung eines Bauernheeres die Schlacht für sich entschieden. Seitdem feiert Sinj alljährlich am ersten Wochenende im August die »Sinjska Alka« mit Ringreiterspielen in Originaltracht und Uniform. Im Hippodrom stehen die Pferde der Alkarenritter, die heute zur Garde des Präsidenten von Kroatien gehören.

Solin (Salona) **[119 E4]**

Durch den römischen Aquädukt an der Straße von Split nach Solin, die man nach 5 km erreicht, fließt das Wasser des Flusses Jadro, der zu damaliger Zeit die Stadt Salona und den Diokletianpalast mit Trinkwasser versorgte und auch heute noch ein Drittel des Trinkwasserbedarfs der Stadt Split abdeckt. Solin ist jetzt ein Industrievorort von Split, dessen antike Blütezeit sich auf den Ruinenfeldern vor Ort nur dem fachkundigen Blick erschließt: illyrische Siedlung, griechisches Theater, römisches Amphitheater, griechische und römische Gräber, Reste einer Basilika. Der Weg zu den Ausgrabungen (in Richtung Klis) ist ausgeschildert.

Trogir **[119 D4]**

Karte in der hinteren Umschlagklappe

★ Die über jeweils eine Brücke mit dem Festland und mit der Insel Čiovo verbundene, weit über 2000 Jahre zählende Altstadtinsel ist eine Schatzkammer der Kunst, ein enges Nebeneinander von Kirchen, Palästen und Bürgerhäusern, von romanischen und gotischen Fenstern, engen Gassen und lichten Höfen, Torbögen und Treppen.

An der Brücke nach Čiovo befinden sich das Hafentor und eine kleine *Loggia*. Das Tor führt in die schmale Kohl-Genscher-Gasse. Auf der rechten Seite das Benediktinerinnenkloster mit einem kleinen sakralen *Museum (8.30–12.30 und 15–18 Uhr, 10 Kuna)*. Wertvollster Schatz: ein griechisches Steinrelief (Insider Tipp) (3. Jh. v. Chr.), das Kairos, den Gott des günstigen Augenblicks, als nackten, geflügelten Jüngling mit langer Stirnlocke und kahlem Hinterkopf darstellt. »Die Gelegenheit beim Schopf packen«, eine geläufige Redewendung – den alten Griechen war sie eine Gottheit wert.

Das dominierende Bauwerk auf dem Hauptplatz ist die Kathedrale *Sv. Lovro*, deren Bau um 1200 begonnen und erst 1605 mit dem Turm vollendet wurde: Romanik bis Renaissance in vollendeter Form. Ein Meisterwerk des Künstlers Radovan ist das *Hauptportal* (13. Jh.). Links davon befindet sich die 1464 vollendete *Taufkapelle.* Im Inneren des Doms steht die *Kapelle Sv. Ivan Ursini*, schönstes Denkmal der Renaissance in der Region. Der Aufstieg zum Glockenturm eröffnet den Blick über die Dächer von Trogir *(Kathedrale und Turm tgl. 9–12, 16.30–20.30 Uhr, 5 Kuna)*.

Auf der Ostseite des Hauptplatzes steht der *Fürstenpalast* (heute das Rathaus), schon im 13. Jh. erwähnt, mit romanischen Arkaden und gotischen Fenstern. An der Wand sind die Wappen der adligen Familien von Trogir zu sehen. Auf der Südseite grenzt der *Uhrturm* an die *Loggia* (beide 15. Jh.). Der Richtertisch aus Stein stammt noch aus der Zeit, als in der Loggia öffentlich Gericht gehalten wurde. Gegenüber der Kathedrale ist der *Palast Ćipiko* mit den drei spätgotischen, venezianischen Drillingsfenstern beachtenswert, der heute das *Stadt-*

Blick über die Dächer von Trogir mit seinem 2000 Jahre alten Stadtkern

museum beherbergt *(Mo–Sa 9–12, 18–21 Uhr, 10 Kuna)*. Auf der Rückseite der Brücke zum Festland liegt der *Markt*. Jeden Tag verkaufen hier die Bauern aus der Umgebung frisches Obst und Gemüse. Im Frühsommer sollten Sie unbedingt die köstlichen Kirschen probieren.

Trogir hat schon aufgrund seiner vielen Tagestouristen einige gute Restaurants zu bieten. Eine reichhaltige Auswahl an Pizza und Pasta bekommen Sie in der Bl. Augustina Kažotića Das komfortable, kleine Insider Tipp *Hotel Concordia (25 Betten, Obala bana Berislavića 22, Tel. 021/88 54 00, Fax 88 54 01, €€€)* liegt direkt an der Altstadt. Auf der über eine Brücke mit Trogir verbundenen Insel Čiovo findet man außerdem Privatquartiere und Badestrände. *Auskunft: Tourist Info, Obala bana Berislavića 12, 21220 Trogir, Tel./Fax 21/ 88 14 12, tzg-trogir@st.tel.hr*

VIS (INSEL)

[118–119 C–D 6] Die Insel Vis (90 km^2) liegt weit draußen im Meer, am Eingang zum dalmatinischen Archipel. Das fruchtbare Hochplateau im Herzen der gebirgigen Insel ist mit den Rebstöcken der weißen Vugavatraube und verschiedenen Gemüsesorten bestellt. Um die 4000 Inselbewohner leben je zur Hälfte in den auffallend städtisch geprägten Küstenortschaften *Vis* und *Komiža*, die eine neue, breite Straße verbindet. Landschaftlich reizvoller, aber schmal und kurvig ist die alte Küstenstraße.

Die alten Griechen, die die Insel *Issa* nannten, brachten die Reben, die Venezianer die Architektur, die Engländer bauten in napoleonischer Zeit die Befestigungsanlagen und die k. u. k.- Österreicher die Leuchttürme sowie die erste Straße. Im

Jahr 1944 hielt sich Tito in einer Höhle *(Titova špilja)* am höchsten Berg *Hum* (587 m) vor den Deutschen verborgen. 1976–1989 hatte Jugoslawien die Insel zum militärischen Sperrgebiet erklärt und für Ausländer geschlossen.

ORTE AUF VIS

Komiža und Insel Biševo [118 C6]
In der weiten Bucht von Komiža, der die Insel Biševo vorgelagert ist, liegt nordseitig an einem schönen Kieselstrand das *Hotel Biševo (300 Betten, Tel. 021/71 32 79, Fax 71 30 98, €€)*, einziges Hotel am Ort. Hinter der Fischfabrik, die im Sommer geschlossen ist, befinden sich 5 weitere kleine Badebuchten mit sprudelnden Süßwasserquellen. An der Hafeneinfahrt steht das alte *Kastell* (16. Jh.), heute *Fischereimuseum (tgl. 9–11 und 18 bis 20 Uhr, 4 Kuna)*, in dem ein typisches Fischerboot von Vis, ein »Falkuša« zu sehen ist. Vom Turm hat man einen schönen Blick auf die Stadt und die Insel Biševo. Unweit des Zentrums, direkt am Strand, überrascht die originell eingerichtete Insider Tipp *Konoba Bako* mit antiken Amphoren, einem Anker aus dem 5. Jh. und einer alten Traubenpresse *(Tel. 021/71 30 08, €€)*. Die Inhaber betreiben auch eine Tauchschule.

Täglich fahren kleine Ausflugsboote hinüber zur nur 6 km² großen Insel *Biševo*. In die berühmte ★ *Blaue Grotte (Modra špilja)* kann man nur bei glatter See einfahren. Um die Mittagszeit fällt das Sonnenlicht durch ein unter dem Meeresspiegel gelegenes Felsentor und verzaubert die Höhle mit einem prachtvollen Farbenspiel. Biševo hat 20 ständige Bewohner und bietet einige private Ferienunterkünfte. *Auskunft: Tourist Info Komiža, Riva, 21485 Komiža, Tel. 021/71 34 55, Fax 71 30 98, tzg-komiza@st.hinet.hr*

Vis (Ort) [118 C6]
Der Ort Vis erstreckt sich auf der Nordseite der Insel um die geschützte Bucht *Viški zaljev.* Im Park, gleich neben dem Autofährkai, wachsen sieben verschiedene Palmenarten. Funde aus griechischer Zeit vermitteln in dem von den Österreichern erbauten Haus *Baterija della Madonna,* heute Museum, einen Eindruck vom alten Issa *(Šetalište Višk Boj 12, tgl. 9–13, 17–19 Uhr, 5 Kuna).* Am Eingang zur Bucht liegen die Ruinen der Anfang des 19. Jhs. von den Engländern erbauten *Festung.* Erhalten geblieben ist der St.-Georg-Turm, ein schöner Aussichtspunkt auf das Meer. Die Stadt hat zwei Hotels: im Hafen das kleine *Hotel Tamaris (50 Betten, Obala Sv. Jurja, Tel. 021/71 13 50, Fax 71 13 49, €€)* und etwas abseits das *Hotel Issa (256 Betten, 021/71 13 50, Fax 71 14 50, €€).* Im alten Stadtviertel, in *Kut,* finden Sie in der Obala Kralja Krešimira IV. mehrere Konobas. Eine gute Küche bietet auch das Restaurant *AS (Korzo 16, Tel. 021/71 14 74, €€). Auskunft: Tourist Info, Šetalište stare Isse 2, 21480 Vis, Tel. 021/71 70 17, Fax 71 70 18, www.tz-vis.hr*

SCHIFFSVERBINDUNGEN

Autofähre mehrmals tgl. *Split–Vis;* einmal wöchentlich bedient die Küstenlinie *Rijeka–Dubrovnik* den Hafen Vis; einmal wöchentlich *Ancona/Italien – Vela Luka/Korčula*

Bester Wein und viel Kultur

Der weite Weg in den Süden der Dalmatinischen Küste lohnt sich: Die Schatzkammer des Landes öffnet ihre Tore

Vom Neretva-Delta bis an die Bucht von Kotor erstreckt sich Kroatiens südlichster Verwaltungsbezirk *Dubrovačko Neretvanska Županija* (Dubrovnik-Neretva). Das Karstgebirge der Dinarischen Alpenkette säumt diesen schmalen Küstenstreifen, eine subtropisch-mediterrane Gartenlandschaft entlang der Grenzen zu Bosnien-Herzegowina und Montenegro. Im kulturhistorischen Mittelpunkt der Region steht das Erbe der alten Handelsmetropole Dubrovnik, die über Jahrhunderte, bis 1808, ihren Status als Freie Republik Ragusa im venezianischen, bosnisch-serbischen, osmanischen und kroatisch-ungarischen Machtkampfbereich erhalten konnte.

Dem Festland vorgelagert sind die Halbinsel Pelješac, die Elaphitischen Inseln Koločep, Lopud und Šipan sowie die Inseln Korčula, Mljet und Lastovo. Das landschaftlich wie kulturell überaus attraktive Süddalmatien ist (mit Unterbrechung während der Kriegsjahre) seit langem ein beliebtes Stammland des internationalen Tourismus.

Cavtat ist ein beliebtes Ferienziel im Süden der Dalmatinischen Küste

Wohlschmeckende Orangen

CAVTAT

[122 B3] Die malerische Lage auf einer üppig bewaldeten Landzunge am Rande der Bucht *Župski zaljev,* lauschige Spazierwege und weitläufige Kieselstrände füllen hier jeden Sommer die Unterkünfte bis zum letzen Gästebett. Cavtat (1700 Ew.), rund 20 km südlich von Dubrovnik, ist berühmt für fröhliches Urlaubsvergnügen.

Die Geschichte des Ortes reicht weit zurück bis in die Antike, als er eine blühende griechisch-römische Kolonie war. Vor dem Ansturm der Slawen und Awaren flüchteten sich die Bewohner im 7. Jh. auf die 17 km entfernte kleine Felseninsel – die Keimzelle der alten Stadt Ragusa, aus der später Dubrovnik wurde.

Cavtat wurde liebevoll restauriert

SEHENSWERTES

Mausoleum

Am Ende der Promenade führt ein Treppenweg vom Franziskanerkloster zum höchsten Punkt der Halbinsel. Auf dem Friedhof steht das Mausoleum der Reederfamilie Račić, das der kroatische Bildhauer Ivan Meštrović 1920 bis 1922 geschaffen hat.

Rektorenpalast

Im Zentrum der weit geschwungenen Uferpromenade steht der Rektorenpalast, früher der Sitz des Statthalters von Dubrovnik. Heute beherbergt das Renaissancegebäude das Stadtmuseum mit Fundstücken aus der Antike sowie einer 10 000 Blätter umfassenden Grafiksammlung (u. a. auch Zeichnungen von Albrecht Dürer) und der wertvollen Bibliothek des Rechtsgelehrten Baltazar Bogišić.

ESSEN & TRINKEN

Um das Hafenbecken reihen sich gemütliche Tavernen und Eiscafés.

Kolona

Von der ruhig gelegenen Terrasse können Sie das Leben im Ort aus der Vogelperspektive im Grünen betrachten. Empfehlenswert sind hier die gegrillten Meeresfrüchte am Spieß. *Put Tihe 2, Tel. 020/ 47 87 87,* **€**

ÜBERNACHTEN

Croatia

Oberhalb des Meeres gelegenes, komfortables Ferienhotel, von üppigem Grün umgeben, mit Schwimmhalle, großem Meerwasserpool, Sonnenterrasse, Aperitifbar, Taverne und Nachtclub. Treppenwege führen hinunter zu den Badeplateaus am Meer; eigener FKK-Abschnitt. *800 Betten, Tel. 020/ 47 55 55, Fax 47 80 55, www.hoteli-croatia.hr,* **€€**

AUSKUNFT

Tourist Info

Tiha 3, 20210 Cavtat, Tel. 020/ 47 80 25, Fax 47 90 25, www.tzcavtat-konavle.hr

ZIELE IN DER UMGEBUNG

Konavle **[122 C3]**

Das Tal Konavle, zwischen dem Meer und einer halbkreisförmigen

Bergkette, aus der der Gipfel *Snježnica* (Schneeberg, 1234 m) herausragt, ist Süddalmatiens Speisekammer im Dreiländereck Kroatien-Bosnien-Montenegro. Eine fruchtbare Ebene mit etwa 30 kleinen Dörfern, umgeben von Weingärten und Äckern, auf denen das Gemüse üppig reift.

Hauptort von Konavle ist *Gruda* **[122 C3]**. Von hier führt ein ausgeschilderter Weg zum wenige Kilometer entfernten, wieder aufgebauten Ausflugsrestaurant *Konavoski dvori,* romantisch am Fluss Ljuta gelegen. In der Tracht von Konavle, die teilweise auch noch von den alten Frauen in den Dörfern getragen wird, serviert man Ihnen hier regionale Küche aus heimischen Produkten, u. a. Lammgerichte, Forellen und frisches, selbst gebackenes Brot *(Ljuta, Tel. 020/ 79 10 39, €€).*

Insider Tipp

Der südlichste Ferienort an der Küste Dalmatiens ist *Molunat* **[122 C3]**, vor einer bewaldeten Halbinsel gelegen, die dem Fischerdorf zwei schöne Buchten beschert. Hier gibt es keine Hotels, nur ein paar Privatvermieter. Ein idealer Platz für Ferien weit abseits vom Touristenrummel.

Župski zaljev/ Župa Dubrovačka **[122 B3]**

Um die weit geschwungene, seichte Bucht *Župa* reihen sich die kleinen Orte *Kupari, Srebreno, Mlini, Soline* und *Plat* mit ihren 22 Felsen-, Sand- und Kieselstränden nahtlos aneinander. Früher gehörten sie mit dem Hinterland Dubrovačka dem Bischof von Dubrovnik. Heute sind die Dörfer ein beliebtes Urlaubsziel vor allem für Familien. Von Mlini und Srebreno fahren Linienschiffe nach Dubrovnik, Cavtat und zur Badeinsel Supetar.

Auskunft: Tourist Info Zupa Dubrovačka, Srebreno, 20207 Mlini-Srebreno, Tel. und Fax 020/ 48 62 54, tz-zupadubrovacka@du.tel.hr

MARCO POLO Highlights »Region Dubrovnik«

★ **Altstadt von Dubrovnik**
Innerhalb mächtiger Festungsmauern lebt die Erinnerung an die Freie Republik Ragusa weiter (Seite 72)

★ **Botanischer Garten in Trsteno**
Renaissancepark mit mediterranen und exotischen Bäumen aus fernen Ländern (Seite 76)

★ **Ort Korčula**
In den malerischen Gassen steht das Geburtshaus von Marco Polo (Seite 78)

★ **Insel Lastovo**
Die grüne Insel gilt als Geheimtipp für individuelle Inselferien (Seite 80)

★ **Mljet**
Ein schönes Stück Natur ist der See mit der Insel auf der Insel Mljet (Seite 82)

DUBROVNIK

Karte in der hinteren Umschlagklappe

[122 B2] »Perle der Adria«, Weltkulturerbe am Fuße kahler Karsthänge. Mit 50 000 Einwohnern ist Dubrovnik heute fast eine Großstadt – eine Stadt des Handels, der Industrie und des Tourismus. Jener Teil des alten Ragusa (den Namen Dubrovnik trägt sie offiziell erst seit 1918), der rund ums Jahr die Touristen anlockt, ist die von einer imposanten Befestigungsmauer umgebene *Altstadt.* Auf dieses Herzstück der einstigen Freien Seerepublik, weitgehend unabhängig vom Mittelalter bis zu Beginn des 19. Jhs., konzentrieren sich die wichtigsten Sehenswürdigkeiten. In nördliche Richtung schließt sich der heutige Geschäftsbezirk an. Er verbindet die Altstadt mit dem Stadtteil *Gruž* und seinen Hafen- und Werftanlagen. Ihnen vorgelagert ist die mit Kiefernwald bewachsene Halbinsel *Lapad,* grüne Lunge der Stadt und Revier für geruhsame Ferien am Meer.

SEHENSWERTES

Altstadt

★ Das harmonische Gefüge des alten Stadtkerns und seine zahlreichen einzelnen Bau- und Kunstdenkmäler erheben Dubrovnik zu einer historischen Metropole mediterranen Weltkulturgutes, die heute einem lebendigen Freilichtmuseum gleicht. Einen Parkplatz in der Nähe der autofreien Altstadt zu finden ist fast hoffnungslos. Am besten fährt man von Gruž oder Lapad mit dem Linienbus bis vor das *Piletor* an der Westseite. Neben dem Tor befindet sich einer der Aufgänge zur 1949 m langen, begehbaren *Befestigungsmauer.*

Durch das Piletor mit der Statue des Stadtpatrons, des *Sv. Vlaho* (hl. Blasius), führt der Gang zunächst links zur *Erlöserkapelle Sv. Spas* (16. Jh.), einem Renaissancebau, der für Ausstellungen genutzt wird, und zur *Franziskanerkirche.* Dazwischen liegt ein schmaler Durchgang zum *Franziskanerkloster.* Vor dem Piletor ist der mit einer flachen Kuppel bedeckte *Große Onofriobrunnen* (1438), verziert mit 16 Wasserspielen, ein beliebter Treffpunkt der Jugend. Hier beginnt die *Placa,* auch *Stradun* genannt, die Flaniermeile der Stadt. Sie führt über den zugeschütteten Meereskanal, der die beiden Siedlungen Ragusa und Dubrava früher trennte. Die auffallend schlichten, balkonlosen Häuserzeilen aus Naturstein wurden anhand einheitlicher Stadtplanung nach dem katastrophalen Erdbeben von 1667 auf die zerstörten Paläste beiderseits der Placa gebaut.

Die Placa endet auf dem von repräsentativen Gebäuden umstellten *Lužaplatz* mit dem *Kleinen Onofriobrunnen* und der *Rolandsäule* (1418), der mittelalterlichen Symbolfigur für Handelsprivilegien und Marktfreiheit. Die barocke Fassade gehört zur Kirche *Sv. Vlaho* (18. Jh.). Ihr gegenüber liegt der *Sponzapalast* (16. Jh.).

An die Stirnseite des Lužaplatzes reihen sich von links nach rechts der städtische *Glockenturm* (15. Jh.), das neogotische Gebäude (19. Jh.) mit dem *Theater* und dem *Stadtcafé* sowie der *Rektorenpalast.* Wenige Schritte weiter steht

Blick auf den alten Stadthafen von Dubrovnik

die eindrucksvolle Kathedrale *Velika Gospa.*

Befestigungsmauer

Dubrovnik aus der Vogelperspektive und ein weiter Blick aufs Meer: am wirkungsvollsten ab dem späten Nachmittag, wenn die Ziegeldächer der rechtwinklig angelegten Altstadt unter den Strahlen der tief stehenden Sonne in warmen Rottönen kräftig leuchten. *Tgl. 9–18.30 Uhr, 15 Kuna*

Franziskanerkloster

Den Innenhof des Klosters (14. Jh.) umschließt ein Kreuzgang, getragen von filigranen Säulen. Am Kreuzgang steht die 1317 gegründete, noch im ursprünglichen Zustand erhaltene Apotheke, eine der ältesten in Europa, sowie die Klosterbibliothek. *Tgl. 9–16 Uhr, 5 Kuna*

Sponzapalast

An diesem Bauwerk aus dem 16. Jh. begegnen sich Spätgotik und Renaissance auf wunderbare Weise. In den als Zollamt erbauten Palast brachten die Kaufleute ihre Handelsware aus aller Herren Länder. In einem Flügel wurden die Münzen der Republik geprägt. Heute ist hier das Dubrovniker Archiv untergebracht.

Sv. Vlaho

Die barocke Kirche (18. Jh.) birgt auf dem Hochaltar eine besondere Kostbarkeit, die vergoldete Silberstatue des Stadtpatrons Sv. Vlaho (hl. Blasius).

Rektorenpalast

In völliger Abschirmung von Familie und Außenwelt führte hier ein Adliger der Stadt jeweils nur für einen Monat die Regierungsgeschäfte der Republik. Ganz im Geist von Dubrovnik prägt auch diesen Palast (15. Jh.) harmonische Schönheit ohne übermäßigen Prunk. Das heutige Stadtmuseum dokumentiert den Alltag der Republik: Schriftstücke, Stempel, Münzen, Waffen, Gewänder, Mobiliar, Gemälde und die Schlüssel der Stadttore. *Tgl. 9–18 Uhr, 10 Kuna*

Velika Gospa
Der monumental wirkende Innenraum der barocken Kathedrale (17. Jh.) birgt wertvolle Gemälde, unter anderem am Hauptaltar ein Werk des venezianischen Meisters Tizian, »Mariä Himmelfahrt«. In der reichen Schatzkammer befindet sich unter den 138 Reliquien auch der in die Form einer byzantinischen Krone gefasste Schädel des hl. Blasius. *Tgl. 9–19 Uhr, 5 Kuna*

ESSEN & TRINKEN

Parallel zur Placa verläuft die *Prijeko*, eine romantische Gasse mit weinbewachsenen Fassaden. Hier finden Sie viele Restaurants.

Club Nautika
Außerhalb der Altstadt am Piletor: elegantes maritimes Ambiente, erlesene Fischgerichte und edle Weine. *Brsalje 3, Tel. 020/44 25 26,* **€€€**

ÜBERNACHTEN

Argentina
Rund 800 m von der Altstadt Dubrovniks entfernt liegt das komfortable Hotel in einem Garten direkt über dem Meer. *240 Betten, Frana Supila 14, Tel. 020/44 05 55, Fax 43 25 24,* **€€€**

Lapad
Der ehemalige Palazzo wurde durch einen Neubau erweitert und liegt auf der Halbinsel Lapad, etwa 3 km von der Altstadt entfernt. *410 Betten, Lapadska obala 37, Tel. 020/43 29 22, Fax 42 47 82,* **€€**

AM ABEND

Dubrovnik pflegt die schönen Künste. Galerien und Ateliers sind bis in die späten Abendstunden geöffnet. Der Besucher hat im Sommer allabendlich die Qual der Wahl zwi-

Geruhsame Pausen gönnt man sich an Dubrovniks Fußgängerzone

schen Schauspiel, Konzert oder folkloristischen Darbietungen. Für die Freunde der leichten Muse ist in der urigen Musikkneipe Troubadour (hinter dem Rektorenpalast) Jazz und Blues live angesagt.

Insider Tipp

SCHIFFSVERBINDUNGEN

Küstenlinie *Rijeka–Dubrovnik*, tgl.; in der Saison bis zu zweimal wöchentlich *Dubrovnik–Bari (Italien)–Igoumenitsa (Griechenland)*; zweimal tgl. *Dubrovnik–Sobra/Mljet;* mehrmals tgl. Personenfähre *Dubrovnik–Elaphitische Inseln*

AUSKUNFT

Tourist Info
C. Zuzorič 1/II, 20000 Dubrovnik, Tel. 020/42 63 03, Fax 42 24 80, http://dubrovnik.laus.hr

ZIELE IN DER UMGEBUNG

Lokrum (Insel) **[122 B2–3]**
Vom Hafen am Osteingang (Pločetor) zur Altstadt von Dubrovnik pendeln Ausflugsboote zur kleinen, grünen Insel mit Badebuchten. Im Jahre 1859 kaufte der österreichische Erzherzog Maximilian die Insel, bebaute sie mit einem Schloss, erneuerte das Benediktinerkloster und legte den schönen Park mit subtropischen Pflanzen an.

Neretva-Delta/ Ploče **[121 D–E 4–5]**
Zwischen *Neum* und *Ploče* öffnet sich die Küstengebirgskette und lässt Raum für die 280 km lange Neretva, deren Wasser sich an der Mündung in die Adria in ein weites Delta verzweigt. In den letzten Jahrzehnten wurden Teile dieses ehemaligen Sumpfgebietes für den Anbau von Obst und Gemüse kultiviert. Am Straßenrand verkaufen die Bauern Mandarinen und Orangen. Der naturbelassene Raum ist Brutrevier für viele Wasservogelarten. Zugvögelschwärme rasten am reich gedeckten Tisch. In den fischreichen Wasserarmen haben Aale und Karpfen ihr Revier.

Auf der Nordseite des Neretva-Deltas liegt das Küstenstädtchen *Ploče* mit seinem Industriehafen und dem Anleger für die Fähre nach *Trpanj/Halbinsel Pelješac.* Die Autofähre verkehrt in der Saison bis zu sechsmal täglich.

Neum **[122 A1]**
Der 8 km breite Küstenstreifen um den Ort *Neum* ist ein politisches Kuriosum, denn er gehört staatsrechtlich zu Bosnien-Herzegowina (am Ein- und Ausgang stehen Grenzkontrollhäuschen). Einst bildete der dem Osmanischen Reich überlassene Korridor die Pufferzone zwischen dem Hoheitsgebiet der Republik Ragusa und dem von Venedig beherrschten Festland Dalmatiens. In dieser überwiegend von Kroaten bewohnten Enklave zahlt man mit der kroatischen Währung Kuna.

Riviera nördlich von Dubrovnik **[122 A–B 1–2]**
Zwischen Dubrovnik und Neum erstreckt sich vor dem Küstengebirge ein schmaler Landstrich mit unterschiedlichen Landschaftsformen: mit Macchia überwuchertes Gestein, Kiefernwaldungen, Weingärten, Olivenhaine und kleinere Ortschaften.

Nördlich von Dubrovnik zieht sich die Adria-Magistrale um die *Ri-*

jeka Dubrovačka, einen fjordartigen Bergeinschnitt, aus dem der Fluss Ombla ins Meer mündet. An der Küste reihen sich die Orte *Zaton, Orašac, Trsteno* und *Slano* aneinander. Hinter *Doli* zweigt eine Straße auf die Halbinsel *Pelješac* ab. Im September 1996 richtete ein schweres Erdbeben Schäden im Gebiet zwischen Slano und Ston/Pelješac an. ★ In Trsteno lohnt ein Besuch des wunderschönen *Botanischen Gartens* mit mediterranen und exotischen Bäumen, Büschen und Pflanzen. Anfang des 16. Jhs. wurde der 3 ha umfassende Renaissancepark um die Schlossvilla der Dubrovniker Patrizierfamilie Gučetić-Gozze angelegt.

ELAPHITISCHE INSELN

[122 A–B 2] Vor der Küste zwischen Dubrovnik und der Halbinsel Pelješac liegen die sieben Elaphitischen Inseln (Hirschinseln). Die drei bewohnten, mit subtropischer Vegetation bedeckten Eilande *Sipan, Lopud* und *Koločep* (zusammen 1000 Ew.) sind ein beliebtes Ausflugsziel der Bewohner von Dubrovnik sowie der Tagestouristen vom Festland. Autoverkehr gibt es auf keiner Insel, dafür aber viele schöne Badestrände. Wer über Nacht bleiben will, findet Quartier in Hotels und bei Privatvermietern. Die in der Antike von den Griechen besiedelten Elaphitischen Inseln gehörten zur Republik Ragusa. Ihre strategische Bedeutung für die Republik lassen noch die Ruinen von Wehranlagen und alten Wehrtürmen erkennen. Im 15. und 16. Jh. bauten sich betuchte Handelsherren und der Klerus stattliche Sommersitze in die kleinen Naturparadiese.

Koločep [122 B2]

Mit nur 2,4 km^2 ist Koločep (150 Ew.) das kleinste Eiland der Elaphiten. Seine beiden Ortschaften Gornje Čelo und Donje Čelo sind durch einen Fußweg miteinander verbunden. Bei einem Spaziergang von einem Ort zum anderen (Dauer ca. 20 Min.) können Sie Gärten mit Orangen- und Zitronenbäumen, Johannisbrotbäume und Olivenhaine sowie die Ruinen einer mittelalterlichen Festung entdecken. Bruchstücke römischer Marmorskulpturen und Teile frühmittelalterlicher Flechtornamentik befinden sich an den Wänden der Pfarrkirche *Sv. Marija* (13. Jh.) in Donje Čelo.

Lopud [122 A–B 2]

Auf 4,6 km^2 bringt es die Insel Lopud (380 Ew.). Da es hier Süßwasserquellen gibt, gedeiht in den Gärten alles üppig: Agaven, Palmen, Zypressen, Zitronen- und Orangenbäume. Einzige Ortschaft auf der Insel ist Lopud, die sich im weiten Bogen vom *Hotel Lafodia (400 Betten, Tel. 020/75 90 22, Fax 75 90 26, €)* bis zur Ruine des ehemaligen Franziskanerklosters um eine Kieselstrandbucht erstreckt. Gemütliche Cafés und Tavernen sowie die ehemaligen Sommersitze der Handelsherren aus Ragusa liegen an dieser schönen Uferpromenade.

Šipan [122 A2]

Mit 16,5 km^2 ist Šipan die größte Insel des Elaphitenarchipels. Hier wachsen Oliven-, Feigen-, Johannisbrot-, Mandel- und Granatapfelbäume. Es wird auch Weinanbau betrieben. In der Hauptsiedlung *Šipanska Luka* zeugt der über dem Ort liegende *Rektorenpalast* (15. Jh.), damals Sitz des ragusanischen Statthalters, vom Glanz vergangener Zeiten.

Ein Fußmarsch (1 Std.) auf der autofreien Insel führt von Šipanska Luka zum Fischerdorf *Sudjuradj*. Der Weg führt vorbei an den Überresten der ehemaligen Sommerresidenz der Bischöfe von Ragusa, erbaut im 16. Jh.

SCHIFFSVERBINDUNGEN

In der Saison befährt das Personenfährschiff dreimal tgl. die Strecke *Dubrovnik–Koločep–Lopud–Šipan.*

AUSKUNFT

Tourist Info
C. Zuzorić 1/II, 2000 Dubrovnik, Tel. 020/42 63 03, Fax 42 24 80, tzzdu-ner@du.tel.hr

KORČULA (INSEL)

[120 B–C 4–5] Wem kein privates Boot zur Verfügung steht, der erreicht Korčula (17 000 Ew.), mit 276 km² eine der großen Inseln im Dalmatinischen Archipel, nur mit Fährschiffen. Entweder über den auf der Westseite der lang gestreckten Insel gelegenen Hafen von *Vela Luka* oder über die Stadt *Korčula*, ein Schmuckstück mittelalterlicher Kunst und Kultur. Die breit ausgebaute neue Straße durch das bergige Binnenland (45 km lang) verbindet die beiden Orte.

Den schwarzgrünen Wäldern aus Aleppokiefern, Seekiefern, Schwarzkiefern, Pinien und immergrünen Steineichen, die mehr als die Hälfte der Inselfläche bedecken, verdankt die Insel ihren antiken Namen Korkyra Melaina (schwarze Insel). Ihre fruchtbaren Täler werden für den Anbau von Oliven, Obst und Gemüse genutzt. An sanften Hängen reifen in den sonnigen Rebgärten hervorragende heimische Weine: Grk, Pošip, Rukatac oder der feurige rote Plavac. Korčula, von mildem Klima verwöhnt, verzeichnet immerhin durchschnittlich 2700 Sonnenstunden pro Jahr.

Von 1427 bis 1797 herrschte Venedig hier ununterbrochen auf Tuchfühlung zum Rivalen Ragusa, dessen Territorium auch die Halbinsel Pelješac, jenseits des an seiner engsten Stelle nur 1,3 km breiten *Pelješki kanals*, umfasste.

Lange Zeit waren die Korčulaner Bauern und Fischer. Im Unterschied zu den meisten anderen Bewohnern der dalmatinischen Inselwelt waren sie auch tüchtige Handwerker, Schiffsbauer und Seefahrer. Somit war Korčula weit weniger von der »Inselflucht« der jungen Generation betroffen. In den letzten Jahrzehnten hat sich der Tourismus zur wichtigsten Erwerbsquelle entwickelt. Lebendig geblieben sind die alten Bräuche, beispielsweise die großen Prozessionen der Bruderschaften an kirchlichen Feiertagen in der Stadt Korčula oder die Schwerttänze »Moreška«, »Moštra« und »Kumpanija«.

ORTE AUF KORČULA

Blato **[120 B4]**
Am Rande des fruchtbaren Tales *Blatsko polje* liegt Blato (4000 Ew.), das Zentrum für landwirtschaftliche Produkte der Insel. Der Ort ist auch

Korčulas malerische Altstadt liegt auf einer Landzunge

bekannt für seine Weinkellerei. Neben der Pfarrkirche *Svi Sveti* (14. Jh.) steht die alte Loggia. Auf dem Hauptplatz wird alljährlich am 28. April (Tag der Sv. Vizenza, Schutzpatronin von Blato) das Ritterspiel »Kumpanija« aufgeführt. Durch die Ortsmitte führt eine 1 km lange Lindenallee. Zur Gemeinde Blato gehören die beiden Ferienorte *Prigradica*, am *Pelješki kanal* gelegen, und *Prižba* an der Südküste von Korčula. *Auskunft: Tourist Info, Ulica 31 b 2/4, 20271 Blato, Tel. 020/85 18 50, Fax 85 12 41*

Korčula (Ort) **[120 C4]**

★ Die pittoreske, mittelalterliche Altstadt, auf einer Landzunge gelegen und umgeben von einem Befestigungsring, sollten Sie unbedingt auch vom Wasser aus in Augenschein nehmen. Die Fährschiffe von Rijeka und Dubrovnik sowie die Personenschiffe vom gegenüberliegenden Orebić/Pelješac legen direkt vor dem Stadttor an.

Einer Insellegende zufolge wurde der berühmte Asienreisende Marco Polo (1254–1324), der in genuesischer Gefangenschaft einem Mithäftling seine abenteuerlichen Berichte diktierte, in Korčula geboren. In einer kleinen Seitengasse unweit des Domes steht das *Marco-Polo-Haus*. Vergilbte Stiche zeigen den Reisenden im Mittelmeer auf einer Galeere, auf dem Landweg im Jemen und auf der Rückreise 1292 auf einer Dschunke vor Singapur. Dokumente, die die Geburt des Reisenden in Korčula belegen könnten, gibt es allerdings nicht. Auch die Stadt Venedig beansprucht für sich, Geburtsort Marco Polos gewesen zu sein. Diesen Widerspruch erklären die Korčulaner damit, dass ihre Insel in jener Zeit zur Republik Venedig gehört habe. Der hübsche Ausblick vom Turm des Hauses auf die grünen Inseln im blauen Meer lohnt aber allein schon den Weg.

Die Altstadt wurde planmäßig angelegt. Von der schnurgeraden Hauptstraße mit den wichtigsten Sehenswürdigkeiten zweigen enge Gassen ab, deren Häuserzeilen sich gegenseitig vor Sonne und Wind schützen. Haupteingang ist das

Landtor, zu dem die monumentale neobarocke Steintreppe am Rande eines kleinen Marktplatzes hinaufführt. Durch das Tor kommen Sie auf den Platz *Braća Radić.*

Zur linken Seite stehen das *Rathaus* (16. Jh.) mit von schönen Säulen getragenen Arkaden sowie die *Kapelle der Schneemadonna,* ein Andenken an die Abwehr der türkischen Flotte im Jahr 1571. Gegenüber befindet sich die kleine Kirche *Sv. Mihovila* (17. Jh.). Wenige Schritte bzw. Treppenstufen hinauf weitet sich die Hauptstraße zum Domplatz, an dem die beiden schönsten Patrizierpaläste der Stadt, *Arneri* und *Gabrielis,* der Kathedrale *Sv. Marko* und dem *Bischofspalast* mit der *Schatzkammer* gegenüberstehen.

Die große Kathedrale, im Stil von Gotik und Renaissance, wurde aus dem weißen Korčulaner Stein im 15. und 16. Jh. erbaut. Das Hauptportal schmücken zwei Löwenfiguren. Am Hauptaltar sehen Sie ein Gemälde des venezianischen Meisters Tintoretto. Das Bild zeigt die drei Schutzheiligen Korčulas und Dalmatiens: den hl. Markus, den hl. Hieronymus und den hl. Bartholomäus, der gleichzeitig Schutzpatron der Schiffbauer ist.

Der Palast Gabrielis (16. Jh.) ist *Stadtmuseum.* Das Erdgeschoss enthält ein Lapidarium mit griechischen Inschriften, Dokumente griechischer Kolonialisierung der illyrischen Urbevölkerung. Die oberen Geschosse dokumentieren die Tradition von Schiffbau, Seefahrt und Handwerkskunst *(tgl. 9–22 Uhr, 5 Kuna).*

Seit fast 400 Jahren gehört die mittelalterliche »Moreška« zum Brauchtum von Korčula. Im Sommer regelmäßig in der Altstadtkulisse aufgeführt, bietet der dynamische Schwertertanz in farbenprächtiger Kostümierung ein faszinierendes Bild. Ein Bild, das beinahe zur mystischen Einkehr verleitet, sind die von einem Zypressenspalier gesäumten 101 Stufen zur Kapelle *Sv. Antun* (hl. Antonius). Insider Tipp Hier können Sie in Ruhe den Ausblick auf die Umgebung der Stadt Korčula genießen. Von der Straße in Richtung Lumbarda zweigt der Weg zur Treppe im Stadtteil Sv. Antun ab.

Die Stadt Korčula (3200 Ew.) ist nicht nur Besichtigungs-, sondern auch Ferienziel. An die Altstadtmauer lehnt sich das nostalgische Hotel *Korčula* mit einer mit Weinlaub berankten Terrasse. Auch die Küche ist gut *(48 Betten, Tel. 020/71 10 47, Fax 71 17 46, €€).* Zehn Gehminuten von der Altstadt entfernt befindet sich das *Hotel Liburna* vor einem kleinen Strand mit Felsenplateaus *(250 Betten, Tel. 020/72 60 26, Fax 71 17 46, €€).* Vom Restaurant bis zur Pizzeria – für das leibliche Wohl ist im Zentrum des Städtchens reichlich gesorgt. Etwas außerhalb liegen die zwei Konobas, in denen auch typische Gerichte der Insel angeboten werden. Auf Vorbestellung wird Ihnen im *Gasthaus Hajduk* unter der Peka gegartes Ziegenfleisch mit Gemüse aus eigenem Anbau serviert. Übernachtungsgäste dürfen sich von den Obstbäumen im Hausgarten selbst bedienen *(20 Betten, Sv. Anton, Tel. 020/71 12 67, €–€€)*

Pogaca, frittierten Brotteig mit Belag nach Wahl, oder unter der Peka gegarten Oktopus erhalten Sie in der *Konoba Masina (Lumbarska cesta, Tel. 020/71 18 20, €–€€). Marko Polo Tours,* am Altstadtfähranleger, vermittelt Privatquartiere auf der gesamten Insel *(Biline 5, Tel. 020/71 54 00, Fax 71 58 00). Auskunft: Tourist Info, Obala V. Paletina, 20260 Korčula, Tel. 020/71 57 01, Fax 71 58 66, www.korcula.net*

Lumbarda **[120 C5]**
Natürliche Sandstrände – die Trumpfkarte für den Tourismus: Lumbarda (1100 Ew.) hat sie, denn die gesamte Ostspitze der Insel ist von Sandboden bedeckt, der dem heimischen goldgelben Rebensaft Grk sein besonderes Bouquet verleiht. Das Zentrum von Lumbarda, 8 km von der Stadt Korčula entfernt, erstreckt sich um die seichte Bucht *Prvižal*, in der Fischerboote und Yachten dümpeln. Ein paar Renaissancevillen verraten, dass dieser Platz schon lange ein begehrtes Sommerziel ist. Gehen Sie vom Zentrum die Maulbeerallee bergauf, kommen Sie durch die Lumbarder Felder und Weingärten zu den Sandbuchten *Pržina* und *Bili Žal*. In und um Lumbarda gibt es viele private Quartiere in Ferienwohnungen und Pensionen.

Etwas außerhalb vom Zentrum befindet sich in schöner Hanglage die *Konoba Bebić*. Auf einer großen, überdachten Terrasse bewirtet die Familie ihre Gäste selbst mit Fisch- und Fleischspezialitäten vom Holzkohlegrill. Alle 6 Apartments im Haus wurden renoviert *(Kolodrt 240, Tel. 020/71 21 83, €–€€)*.

Insider Tipp

Lumbarda vorgelagert ist die winzige Insel *Vrnik* mit dem ältesten Steinbruch Korčulas, der aber heute nicht mehr genutzt wird. Vrnik hat nur etwa 20 Einwohner. Diese vermieten Zimmer an Gäste, die die Abgeschiedenheit suchen. *Auskunft: Tourist Info, 20263 Lumbarda, Tel./Fax 020/71 20 05, tz-lumbarda@du. hinet.hr*

Vela Luka **[120 B4]**
Der größte Ort liegt auf der Westseite von Korčula, am innersten Punkt einer tief eingeschnittenen Bucht mit einigen schönen Kieselstränden. Im geschäftigen Vela Luka (4450 Ew.) werden Kunststoffboote und Fischtrawler gebaut, Sardinen verarbeitet und Wein gekeltert. Außerdem ist Vela Luka Kroatiens größter Produzent von Olivenöl. Im Zentrum steht die neobarocke Pfarrkirche *Sv. Josip* (19. Jh.), davor ein schöner Trinkwasserbrunnen aus dem Jahr 1930. Entlang dem kleinen Hafenbecken finden Sie ein paar Cafés, Tavernen und Bistros. Die Fährschiffe zur Insel Lastovo und nach Split legen südlich vom Hafenbecken, beim Industrieviertel an. Vom Hafen aus pendeln Boote zur in der Bucht gelegenen, bewaldeten Insel *Ošjak*, deren artenreiche Flora unter Natuschutz steht. *Auskunft: Tourist Info, Ulica 41 br. 11, 20270 Vela Luka, Tel. und Fax 020/81 36 19*

SCHIFFSVERBINDUNGEN

Stadt Korčula: *tgl. Küstenlinie Rijeka–Dubrovnik, tgl. nach Orebić/Pelješac*, Vela Luka: *einmal wöchentlich Ancona/Italien–Vis–Stari Grad/Hvar–Vela Luka, tgl. Ubli/Lastovo–Vela Luka–Hvar–Split*

LASTOVO (INSEL)

[120 B–C 5] ★ Lastovo (53 km^2, 1250 Ew.) liegt ganz am Außenrand des Dalmatinischen Archipels.

Die grünen Wälder und fruchtbaren Felder erwecken den Eindruck von Wasserreichtum, obwohl auf der Insel keine einzige Süßwasserquelle sprudelt. Auch ist im Sommer kaum mit Regen zu rechnen. Für die Feuchtigkeit sorgt allein starke Taubildung während der Nacht.

Wie die Insel Vis, so war auch Lastovo zwischen 1976 und 1989 militärisches Sperrgebiet und für Ausländer geschlossen. Nur Jugoslawen durften hier Urlaub machen. Für sie entstand in der Bucht *Velo jezero,* 2,5 km vom Fährhafen Ubli entfernt, das Hotel *Solitudo (350 Betten Tel./Fax 020/ 80 50 14, €),* bis heute das einzige Hotel der Insel. Ansonsten laden Privathäuser in der Insel-»Hauptstadt« *Lastovo* mit günstigen Preisen und Hausmannskost zum Bleiben ein. Außerdem gibt es private, teils recht komfortable Ferienhäuser in mehreren Buchten, z. B. in der Bucht *Zaklopatica.*

Lastovo ist eine Insel der Ruhe. Die einzige Straße (13 km lang) führt von Ubli über Lastovo nach Skrivena Luka. Mehr Ortschaften gibt es nicht auf dem Eiland. Wenn Sie nicht nur baden und sonnen, sondern auch wandern und wilde Natur entdecken möchten, sind Sie auf Lastovo gut aufgehoben.

ORTE AUF LASTOVO

Lastovo (Ort) **[120 C5]**
Die Inselhauptstadt entpuppt sich als Bergsiedlung, deren mit besonders kunstvollen Schornsteinen verzierte Häuser einander überragen. Jedes zweite Haus steht leer, weil die Bewohner auf dem Festland, in den USA, Australien oder Kanada leben, aber irgendwann zurückkommen möchten. In der Schule, die bis zur 8. Klasse geht, werden zurzeit rund 100 Kinder unterrichtet. Wer darüber hinaus die höhere Schule besuchen möchte, muss nach Split. Schon seit

Unter vollen Segeln übers Meer

Auf nostalgischen Motorseglern lässt sich die Küste Kroatiens bestens erobern

Einst brachten sie Oliven, Wein und Salz bis nach Triest und Venedig. Heute eröffnen die kleinen Motorsegler auf ihren Kreuzfahrten den Touristen die dalmatinische Inselwelt von ihrer schönsten Seite, ankern in Buchten, in die kein Weg führt, laufen malerische Städte an, die man von ihrer prachtvollsten Seite nur vom Meer kommend in Augenschein nehmen kann. Jedes dieser hölzernen Schiffe in Familienbesitz ist anders gebaut, teils neu nach alten Vorbildern. Die Kabinen an Bord, selten mehr als ein Dutzend, bieten keinen Raum für Überflüssiges. Das Sonnendeck ist dafür umso größer. In der winzigen Kombüse wird für die Gäste dalmatinische Hausmannskost zubereitet. *Info und Buchung: I.D. Riva Tours, München, Tel. 089/231 10 00, www.idriva.de*

1659 gibt es auf Lastovo eine Schule. Damals gehörte die Insel zur Republik Ragusa. Das Zentrum des Ortes bilden der *Hauptplatz* mit der *Stadtloggia* und der gotischen Pfarrkirche *Sv. Kuzma i Damjan.* Sehenswert ist das reich verzierte Taufbecken.

SCHIFFSVERBINDUNGEN

Tgl. Verbindungen: *Ubli/Lastovo–Vela Luka/Korčula–Hvar–Split (Fahrzeit ca. 5 Std.)*

AUSKUNFT

Tourist Info Lastovo
20290 Lastovo, Tel./Fax 020/ 80 10 18

MLJET (INSEL)

[121 D–E 5–6] ★ Wer sich Mljet (1250 Ew.) als Ferienziel erwählt, der sollte wissen, dass ihn auf der 100 km^2 großen bergigen Insel kaum mehr erwartet als wilde und kultivierte Natur, in die sich kleine Dörfer ducken, an denen der rastlose Zeitgeist vorbeizieht: keine Flaniermeilen, keine Geschäftszeilen, keine Szenekneipen und schon gar kein ausschweifendes Nachtleben. Die Dunkelheit ist Glühwürmchen und Nachtigallen überlassen. Dann sind auch die vielen Ausflügler, die täglich kommen, längst wieder auf dem Heimweg. Deren Ziel ist fast immer nur die »Insel auf der Insel«, jenes Eiland im größeren der beiden Salzseen, auf dem Benediktiner Anfang des 12. Jhs. ein Kloster gebaut haben. Beide Seen gehören heute zum Nationalpark. Von der Bucht von *Pomena,* wo vor dem einzigen, hübsch renovierten Inselhotel *Odisej (320 Betten, Tel. 020/ 74 40 22, Fax 74 40 42, €€)* meist Yachten ankern, führt ein Spazierweg durch den Kiefernwald zum Anleger der Boote, die Sie zur Klosterinsel *Sv. Marija* bringen. Die Benediktinerabtei war mit Verteidigungsturm und Schießscharten früher ein höchst wehrhafter Bau.

Um die Seen, von bewaldeten Bergen romantisch eingerahmt, verläuft ein Uferwanderweg und eine geteerte Straße, die aber für Autos von Mai bis Oktober gesperrt ist. Auf seiner Ostseite, an der Brücke *Veli most,* ist der Veliko jezero durch den schmalen *Solinski kanal* mit dem offenen Meer verbunden. Dort, zwischen dem kleinen See *Malo jezero* und dem größeren See *Veliko jezero,* werden Kanus, Kajaks, und Fahrräder vermietet. Zum Nationalpark gehört auch der Hafen *Polače* mit den Überresten eines antiken Römerpalastes und den Ruinen einer frühchristlichen Basilika aus dem 5. Jh. Von hier aus schlängelt sich die Inselhauptstraße durch das Karstgebirge, um schroffe Felsenwände herum, an denen Salbei und Oregano wachsen, vorbei an fruchtbaren Talsenken *(Polje),* in denen Gemüse und Weinreben angebaut werden.

Vom lang gezogenen Straßendorf *Babino Polje* **[121 E5]** aus, der größten Siedlung der Insel, können Sie zu Fuß die *Odisejeva špilja* erreichen. Um 12 Uhr mittags fällt das Sonnenlicht am schönsten in diese Meeresgrotte. Vielleicht ist sie wirklich der Ort, an dem sich die Nymphe Kalypso in Odysseus verliebte, wie der griechische Dichter Homer schreibt. Einen Besuch wert ist auch die idyllisch gelegene Bucht von *Sobra* mit dem Fährhafen und ganz am Ostende der Insel die Sandstrandbucht *Saplunara.*

SCHIFFSVERBINDUNGEN

Autofähre *Rijeka–Dubrovnik* legt Mo und Fr in *Sobra/Mljet* an. Zusätzlich im Aug. tgl. einmal Personenfähre *Dubrovnik–Sobra/Mljet,* zweimal tgl. Autofähre *Dubrovnik–Sobra/Mljet*

AUSKUNFT

Tourist Info Govedari (Mljet)
Polače, 20226 Govedari, Tel. und Fax 020/74 40 86 (nur für das Gebiet Nationalpark zuständig)

Tourist Info Mljet
Zabriježje 2, 20225 Babino Polje, Tel. und Fax 020/74 51 25

PELJEŠAC (HALBINSEL)

[120–121 C–E 4–5] Seefahrt und Wein haben Pelješac (8000 Ew.) berühmt gemacht – als »Insel der Kapitäne« und Heimat der besten kroatischen Rotweine. Genau genommen ist Pelješac eine Halbinsel, die sich über 65 km zwischen dem Festland und den Inseln Korčula und Mljet erstreckt. Bei *Ston,* an der engsten Stelle der Landbrücke nach Pelješac, erinnert eine mächtige Festungsmauer an die Zeit von 1333 bis 1808, als die Halbinsel zur Republik Dubrovnik gehörte und bei ihrer Verteidigung eine wichtige Rolle als Vorposten spielte. Die

Vergnügliche Anreise nach Mljet

Badeorte liegen an der sonnigen Südküste von Pelješac, vor dem vorwiegend mit Macchia bedeckten Inselgebirgszug. In seinen Tälern gedeihen subtropische Früchte.

Wer von Norden anrollt, erspart sich einige Kilometer auf der Magistrale durch das Übersetzen mit der Autofähre von Ploče nach *Trpanj* am Nordufer im westlichen Teil von Pelješac.

ORTE AUF PELJEŠAC

Donja Banda, Prizdrina und Potomje (Weindörfer)
Dingač, Postup und Plavac sind die bedeutenden Rotweine, die auf der Halbinsel Pelješac produziert werden, gekeltert aus den Trauben der Rebsorte Plavac mali. Zwischen Orebić und Ston liegen ihre Anbaugebiete.

Hinter Orebić wächst der *Postup*, der den Namen des 6 km entfernten Küstendorfes trägt. Die Großkellerei Postup befindet sich im Dorf *Donja Banda* **[121 D4]**, zu dem sich die Inselhauptstraße hinaufschlängelt. 2 km weiter zweigt ein Weg ins kleine alte Dorf Prizdrina ab. Beim Insider Tipp privaten Winzer Bartulović sollten Sie außer dem Plavac Bartul auch den in Dalmatien selten gekelterten Roséwein probieren.

Nach 3 weiteren Kilometern erreichen Sie Insider Tipp *Potomje* **[121 D4]**, Zentrum des Spitzenweines Dingač. Ein niedriger Tunnel führt vom Dorf zu den steilen Südhängen oberhalb des Meeres. Den ganzen Tag über reifen die Trauben im direkten Sonnenlicht, das vom Wasser und dem weißen, Wärme speichernden Felsgestein reflektiert wird. Nur der Wein, der aus den Reben gewonnen wird, die auf den gesetzlich festgelegten 47,6 ha wachsen, darf Dingač genannt werden. Bei den privaten Winzern des Ortes, z. B. bei Ivo Skaramuča oder Pavo Miličić, zahlen Sie für die 0,7-l-Flasche Dingač um die 10 Euro.

Insider Tipp Im Weingarten der Familie Scaramuèa finden Sie in den vier einfachen 4-Bett-Bungalows direkt am Meer absolute Ruhe *(Tel. und Fax 020/74 22 11, €€)*.

Mokalo **[121 D4]**

An einem von suptropischem Grün beschatteten Hang über der Felsenküste bei Mokalo liegt der Insider Tipp Campingplatz Adriatic wie ein kleiner Paradiesgarten. Treppen und hölzerne Hängebrücken führen hinunter in eine kleine, romantische Badebucht und zur Tauchschule. Die organisiert auch Ausflüge zum 120 m langen Wrack in der Nähe. Nur 10 Wohnwagen finden im oberen Bereich Platz (Voranmeldung ist ratsam). Auf den Terrassen wird gezeltet. Im Haupthaus mit dem Restaurant befinden sich 12 Apartments *(20250 Mokolo bei Orebic, Tel./Fax 020/71 34 20)*.

Orebić **[120–121 C–D 4]**

Am Ufer des *Pelješai kanal* erstreckt sich Orebić (1500 Ew.) über mehrere Kilometer entlang der Inselhauptstraße. Westlich vom Zentrum befindet sich der Anleger für die Fährschiffe nach Korčula. In dieser Richtung weiter liegt der Ferienkomplex mit den Hotels *Bellevue (140 Betten, Tel. 020/71 31 48, Fax 71 31 93, €€)*, *Orsan (200 Betten, All inclusive, Tel. 020/71 30 26, Fax 71 32 67, €€€)* und *Rathaneum (350 Betten, 020/71 30 22, Fax 71 31 93, €)* sowie mit Apartmenthäusern direkt am Kieselstrand, umgeben von einer gepflegten Gartenanlage. Dazu gehört eine Surfschule sowie ein Fahrrad- und Bootsverleih. Vor der Ostseite von Orebić liegen die Badestrände der Bucht *Trstenica*.

Orebić entstand erst im 17. Jh., denn wegen häufig drohender Angriffe von der See aus lebte man früher in weit von der Küste entfernten Dörfern. Schon bald entwickelte sich der Ort zum Seefahrtszentrum. Im 19. Jh. befuhren 33 Großsegler der heimischen Reederei die Weltmeere. Obwohl die Reederei der modernen Schifffahrt zum Opfer fiel, ist der Beruf Seemann bis heute der meistgeschätzte Beruf der Männer dieser Gegend geblieben. Viele ehemalige Schiffskommandanten verbringen hier ihren Lebensabend in Häusern am Meer.

Die Bewohner Mali Stons leben von der Austernzucht

Das *Seefahrtmuseum* dokumentiert die Blütezeit von Orebić. Im Erdgeschoss ist seit 1865 der Lesesaal der Pelješaner Kapitäne eingerichtet *(Trg Mimbeli, tgl. 8–12 und 17 bis 20 Uhr, 5 Kuna)*.

Am Felsen über Orebić thront das *Franziskanerkloster* (15. Jh.), das unter seinen Kunstschätzen wertvolle Geschenke der Seefahrer birgt. Auf dem Friedhof nebenan sind viele Kapitäne begraben. Von hier oben hat man einen wunderschönen Panoramablick auf die Insel Korčula und die vorgelagerten Inseln. *Auskunft: Tourist Info, Trg Mimbeli, 20250 Orebić, Tel. und Fax 020/71 37 18*

Ston **[121 E5]**

Auf der Meerseite der Landbrücke zur Halbinsel Pelješac liegt vor den Salinenfeldern Veliki Ston, gegenüber dem Festland das kleinere Mali Ston, bekannt für seine Austern- und Miesmuschelzuchten. Die beiden Ortsteile von Ston (800 Ew.) wurden im 14. Jh. von der Republik Dubrovnik planmäßig errichtet und zwecks Verteidigung ihrer Westgrenze mit einer insgesamt fast 6 km langen Wehrmauer verbunden. Beim Erdbeben im September 1996 brachen die Mauern der romanischen Kirchen und gotischen Paläste im mittelalterlichen Veliki Ston. Fast alle Gebäude wurden schwer beschädigt, einige völlig zerstört.

Mali Ston hingegen blieb unversehrt. Nach wie vor bekommt man im Restaurant *Koruna*, unmittelbar vor der Stadtmauer direkt am Wasser gelegen, Miesmuschelgerichte und frische Austern *(Tel. 020/75 43 59, €–€€)*. Hinter dem Wehrturm befinden sich zwei weitere Restaurants. Spezialität der *Taverna Bota* und des *Kapetanova kuća* sind auch die frischen Meeresfrüchte, die vorzüglich zubereitet werden.

50

Dalmatien wie aus dem Bilderbuch

Die Touren sind in der Karte auf dem hinteren Umschlag und im Reiseatlas ab Seite 114 grün markiert

1 WO SICH KULTUR UND NATUR TREFFEN

Der erste Eindruck prägt. Er sollte der schönste sein und zugleich ein typisches Bild von Land und Leuten vermitteln. Diese Rundtour durch Mittel- und Süddalmatien führt auf die zwei malerische Inseln Korčula und Hvar, zu großartigen Kulturdenkmälern in Split und Dubrovnik, zu üppigen Weingärten, silbrigen Olivenhainen, weißen Kieselstränden, grünen Kiefernwäldern, schroffen Karstfelshängen und auch zum mutmaßlichen Geburtshaus des Namensgebers der MARCO POLO Reiseführer. Außerhalb der Hauptsaison (Mitte Juli bis Ende August) ist es kein Problem, eine Unterkunft zu bekommen. Innerhalb dieser Zeit sind die Hotels oftmals ausgebucht, man findet aber immer noch ein Bett bei Privatvermietern. Zimmer werden von den örtlichen Agenturen vermittelt, manchmal auch von der Tourist-Information. Die Fährschiffe fahren zwar fahrplanmäßig und sehr pünktlich, aber nicht gerade häufig und nicht an jedem Tag zur gleichen Zeit. Erkundigen Sie sich vorher nach den Abfahrtszeiten.

Die Küstenstraße führt über weite Strecken am Gebirge entlang

Die Strecke: Von Split mit dem Fährschiff nach Hvar/Insel Hvar, von dort aus übersetzen nach Vela Luka/Insel Korčula, dann weiter nach Orebić/Halbinsel Pelješac und von dort nach Dubrovnik. Anschließend geht es über die Makarska Riviera zurück nach Split. Ca. 350 km, Dauer: ca. 4 Tage

Das Bild der Hafenstadt *Split (S. 61)* prägt der antike *Diokletianpalast* mit seinen engen Gassen und Plätzen, Kirchen und Palästen im Inneren der mächtigen Anlage. Den schönsten Panoramablick auf Split haben Sie, wenn die Autofähre aus dem Hafen gleitet. Sobald sie die Meerenge zwischen den Inseln *Brač* und *Šolta* passiert hat, rückt die Insel *Hvar (S. 52)* ins Blickfeld. Das wie ein Amphitheater angelegte, bezaubernde Städtchen *Hvar*, in dem noch viele Bauten aus venezianischer Zeit zu sehen sind, versteckt sich hinter dem kleinen *Paklenica-Archipel* auf der Meerseite der sonnigsten Insel der Adria. Außer am Sonntag fährt das Schiff täglich weiter nach *Vela Luka* auf *Korčula (S. 80)*. Durch das

Auch ohne Auto sind alle Orte gut erreichbar

fruchtbare Tal *Blatsko polje,* in dem Wein, Früchte und Oliven reifen, und weiter entlang dicht bewaldeter Berghänge, schlängelt sich die Hauptstraße bis ins Städtchen Korčula *(S. 78)* am anderen Inselende. Innerhalb der auf eine Landzunge gebauten, von einer dicken Festungsmauer umgebenen Altstadt steht das Marco-Polo-Geburtshaus in der Nähe der großen Kathedrale. Mindestens alle zwei Stunden pendelt die Fähre tagsüber hinüber nach *Orebić* auf der Südseite der Halbinsel Pelješac, die für ihre schweren Weine berühmt ist *(S. 83).*

Steile, kahle Karstberge, von Macchia überwucherte Geröllfelder, aber auch fruchtbare Täler liegen am Weg über die lang gestreckte Halbinsel. In *Potomje* befinden sich die Kellereien, die Dalmatiens besten Rotwein, den Dingač, keltern. Hinter *Ston (S. 85),* das beim letzten Erdbeben 1996 arg gelitten hat, werden in der ruhigen Bucht vor dem Festland Muscheln, vor allem Austern, gezüchtet. Hier mündet die Inselstraße auf die Küstenstraße, die Adria-Magistrale. In südlicher Richtung erreichen Sie bald Dubrovnik, die kulturell bedeutendste Stadt Dalmatiens. Gen Norden führt die Adria-Magistrale durch das *Neretva-Delta (S. 75),* in dem Mandarinen und Orangen angebaut werden, und entlang der *Makarska Riviera (S. 57)* mit ihren weißen Kieselstränden. Die schönsten Badebuchten finden Sie in *Brela (S. 58).* Etwa auf halbem Weg zwischen Brela und Split können Sie noch die Stadt *Omiš (S. 59)* besuchen, die vor einer imposanten Felsenschlucht, durch die der Fluss Cetina ins Meer mündet, liegt.

2 VON DER ADRIA ZU DEN SÜSSEN WASSERN DER SEEN

Kornati, Paklenica, Plitwitzer Seen – Krka-Karst bestimmt den besonderen Charakter der Nationalparks in Norddalmatien. Der Kontrast der karstigen Landschaft zum lieblichen Adria-Ufer mit seiner üppigen Vegetation ist gewaltig. Nur dort, wo das Wasser nicht augenblicklich im porösen Kalkgestein versickert, wo unbändige Flüsse den Boden ständig

tränken, wuchert frisches Grün. Dieses typische Karstphänomen bestimmt auch den Charakter aller drei Nationalparks: »Paklenica«, »Krka« und »Plitwitzer Seen«. Aber auch die einzigartigen Kornati-Inseln (Nationalpark Kornati), die mit ihren schroffen, lichtgrauen Felsenwänden steil aus dem blauen Meer ragen, sind Kinder dieses Karstes, nämlich die Gipfel eines unter dem Meeresspiegel versunkenen Gebirges. Organisierte Tagesausflüge führen mit dem Boot in den Nationalpark »Kornati« von den Festlands- und Inselferienorten zwischen Zadar und Šibenik. Ab Zadar bietet sich dann eine Rundtour durch die anderen drei Nationalparks an: Auf der Adria-Magistrale in Richtung Rijeka, über die neue Maslenica-Brücke nach Starigrad-Paklenica zum Nationalpark »Paklenica« (42 km). Den Weg zurück, vor der Maslenica-Brücke links auf die Bundesstraße in Richtung Karlovac und Zagreb abbiegen, über Gračac, Udbina und Korenica zum Nationalpark »Plitwitzer Seen« (130 km); zurück bis Gračac und weiter bis Knin, dort auf die Straße in Richtung Šibenik abbiegen, über Drniš bis Lozovac fahren, dort zum Nationalpark »Krka« rechts abbiegen, zum Skradinski buk oder nach Skradin (170 km) – von Lozovac bis Šibenik: 10 km. Länge: insgesamt rund 350 km, Dauer: Sie sollten sich mindestens drei Tage Zeit nehmen, um alle vier Nationalparks zu besuchen.

Nationalpark »Kornati« [118 A–B 2–3]

★ In etwa 30 km Abstand vom Festland liegen die 148 eigenartig runden, graugrünen und fast völlig kahlen Eilande und Riffe draußen im Meer. Sie bilden einen natürlichen Schutzwall gegen die von der offenen See aus Westen anrollenden Wellen. Manche Inseln ragen mit bis zu 100 m hohen Klippen aus dem glasklaren Wasser. Nur im Sommer sind einige bewohnt – auch von Urlaubern, die in alten Fischerhäusern ungestört wie Robinson Crusoe leben. Für Nautiker ist das Kornati-Archipel ein äußerst vielfältiges und beliebtes Urlaubsziel. Ein organisierter Tagesausflug einschließlich Picknick kostet 20 bis 25 Euro. *Auskunft: Nationalpark »Kornati«, 22243 Murter, Tel. 022/43 46 62, Fax 43 50 58, www.tel.hr/np-kornati*

Nationalpark »Paklenica« [117 D4]

Am südlichen Rand der größten kroatischen Gebirgskette Velebit brausen die Wildbäche Velika Paklenica und Mala Paklenica durch zwei großartige, bizarre Felsenschluchten. Zwischen dem Velebit-Gipfel *Vaganski vrh* (1758 m) und der Küstenstraße wurde das Gebiet wegen seiner Schönheit und seiner naturwissenschaftlichen Bedeutung zum Nationalpark erklärt. Die älteren Bewohner von Starigrad-Paklenica erinnern sich noch gut an die 60er-Jahre, in denen »Old Surehand« hier vor laufenden Filmkameras entlang der schroffen Felswände ritt und sie als »Indianer« oder »Cowboys« dabei sein durften. Die heutigen Helden sind die Felsenkletterer, deren waghalsige Manöver man an der 400 m hohen Felswand Anić Kuk beobachten kann. Durch die Schlucht der Velika Paklenica führt ein nur leicht ansteigender, schattiger Spazierweg entlang dem sauberen Gebirgsbach. Auch Kinder werden von dieser Tour begeistert sein, denn es gibt viele Plätze zum Rasten und Spielen. Die Brotzeit muss man selbst mitbringen, trinken kann man aus dem Bach. *Auskunft: Nationalpark »Paklenica«, Jadranska cesta, 23244 Starigrad-Paklenica, Tel. 023/ 36 91 55, Fax 36 92 02, www.tel.hr/paklenica.* Es werden auch Trekkingtouren, Reittouren und ornithologische Wandertouren veranstaltet.

Nationalpark »Plitwitzer Seen« **[117 E2]**

Der Weg zum Nationalpark »Plitwitzer Seen« führt durch das Gebiet der 1991 selbst ernannten Republik Serbische Krajina (Hauptsitz war Knin). 1996 wurde es von Kroatien zurückerobert. Zerstörte und leer stehende Ortschaften an der inzwischen neu asphaltierten Straße bieten noch immer ein trauriges Bild.

Das 20 000 ha große Gebiet, seit 1928 Nationalpark, bildet einen Talkessel, der von 500–630 m hohen, bewaldeten Bergen umgeben ist. Stufenweise reihen sich seine 16 größeren und kleineren Seen mit kristallklarem, blaugrünem Wasser aneinander. Verbunden sind sie durch rauschende Wasserfälle und schäumende Kaskaden, zu denen Holzplankenwege führen. Das Wasser fließt den Seen aus zahlreichen Flüsschen und Bächen zu. Seit 1979 ist dieses zauberhafte Stück Natur ins Unesco-Verzeichnis als Weltkulturerbe eingetragen. Gute Übernachtungsmöglichkeiten bietet das relativ neue *Hotel Plitvice (220 Betten, Tel. 053/75 11 00, €€). Auskunft: Nationalpark »Plitvička jezera«, 23431 Plitvička jezera, Tel. 053/75 10 15, Fax 75 10 13, www.np-litvic.tel.hr*

Nationalpark »Krka« **[118 C2]**

★ Auch der 142 km^2 große Krka-Nationalpark ist beliebtes Ausflugs-

Über einzigartige Kalkterrassen stürzen die Krka-Wasserfälle talwärts

ziel für Dalmatienreisende. Die wasserreiche Krka ist ein typischer Karstfluss. Von ihrer Quelle bei Knin bis zur Mündung in die Adria bildet sie zahlreiche Stromschnellen und Wasserfälle sowie mehrere aufgestaute, von Binsen und Schilf gesäumte Seen. Ab *Roški slap* bis *Zaton* umschließt der Nationalpark »Krka«, in dem 221 Vogelarten heimisch sind, den unteren Lauf der Krka. Herzstück des Flusses ist der 46 m hohe *Skradinski buk*, eine einzigartige Kette aufeinander folgender Wasserfälle, die höchste Kalktuffbarriere in Europa. Von hier fährt stündlich ein Schiff zur Flussinsel *Visovac* (im Franziskanerkloster eine Sammlung wertvoller Bücher und Urkunden). Mit dem eigenen Boot kann man die Krka bis *Skradin* hinauffahren. *Auskunft: Nationalpark »Krka«, Trg Ivana Pavla II br. 5, 22000 Šibenik, Tel. 022/21 77 20, Fax 33 68 36, www.npkrka.hr*

3 NATUR UND STILLE: WANDERUNG IM NATIONALPARK MLJET

Das bezaubernde Naturschauspiel im Nordwesten der Insel Mljet eröffnet sich dem Wanderer erlebnisreich auf den markierten Wegen und Pfaden durch den Nationalpark. Ein attraktive Rundtour führt von Polace, das im Sommer von vielen Tagesgästen besucht wird, auf den Montekuc (253 m, höchster Gipfel im Nationalpark) und hinunter zum Velio jezero, dem großen Inselsee.

Die Wanderung dauert für Wanderer mit normaler Kondition ca. 3 Std. Ratsam ist festes Schuhwerk, weil die Wege meist steinig und oft feucht sind. Proviant und Badezeug nicht vergessen: Viele Plätze laden unterwegs zum Picknick und zu einen Bad im See ein.

Der Nationalpark Mljet **[121 D5]** Insider Tipp ($54\ km^2$) umfasst die durch schmale Kanäle sowohl miteinander als auch mit dem Meer verbundenen Seen Mali jezero und Veliko jezero, um die sich üppige Wälder von Aleppokiefern, Steineichen und dichte Macchia ausbreiten. In Ruhe können Sie die waldreiche Landschaft, Seen, Berge und Meer auf den Wanderwegen genießen.

Zum herrlichen Aussichtspunkt auf dem Gipfel des Montekuc folgen Sie in *Polače* dem Wanderwegweiser. Von dem bereits in der Römerzeit angelegten Pfad zweigt nach etwa 1 km der Weg durch den Kiefernwald von Barbarioc zum Montekuc ab (ca. 45 Min.). Genießen Sie den Panoramablick über den grünen Nationalpark und das offene Meer mit den Inseln Korčula, Lastovo sowie der Halbinsel Pelješac im Hintergrund. Auf dem Gipfel des Montekuc steht eine kleine Hütte, die den Sommer über von einem Feuerwächter besetzt ist. Hier zeigt ein Wegweiser den Abstieg zum *Veliko jezero* *(S. 82)* an (ca. 45 Min.). An seinem Ufer entlang in Richtung Westen erreichen Sie nach 1 km Pristaniste. Hier finden Sie einen kleinen Lebensmittelladen, den Anleger zur Klosterinsel *Sv. Marija* und den Sitz der Nationalparkverwaltung.

Wandern Sie nun auf dem Fahrweg in Richtung Polače 500 m entlang fruchtbarer Felder bis zum großen Parkplatz. Rechts davon treffen Sie wieder auf den alten Römerpfad hinunter nach Polače.

YAMAHA
MUNGOS

Wassersport und Wanderfreuden

Gebirge und Meer – die Merkmale der Dalmatinischen Küste bieten nahezu rund um das Jahr ideale Bedingungen für ein breit gefächertes Sportangebot

Schon längst dreht sich an der Küstenlandschaft Dalmatiens nicht mehr alles nur um die Wassersportarten Segeln, Surfen und Tauchen. Frisch markierte Wander-, Kletter-, und Mountainbikerouten eröffnen viele neue Möglichkeiten für einen aktiven Urlaub.

ANGELN

Für den privaten Fischfang, ob im Binnenland oder im Meer, benötigen Sie einen Angelschein. Der wird Ihnen vor Ort in den Reiseagenturen und Touristen-Informationen ausgestellt. 1 Tag kostet 60, 1 Wochenende 150, eine Woche 250 und ein Monat 500 Kuna. *Auskunft: Kroatische Zentrale für Tourismus (Tel. 069/25 20 45, www.htz.hr)*

FALKNEREI

Im einzigen Falknerzentrum Kroatiens züchtet und trainiert Emilio Mendjušić nicht nur Bussarde, Habichte und Eulen. Er bietet außerdem als lizenzierter Ausbilder Falknerkurse an. Sie dauern von Mo bis Sa *(1200 Kuna)*. Es besteht die Möglichkeit, in der einfachen Hütte direkt im Zentrum zu übernachten. Das Sololarski Centar liegt am Rand des Dorfes Dubrava Škugori, 7 km südlich von Šibenik. *Auskunft: Emilio Mendjušić, Tel. und Fax 022/21 51 69, emilio.mendjusic@ si.hinet.hr*

Insider Tipp

KLETTERN

Nervenkitzel am steilen Fels: In unmittelbarer Nähe zur Küste sind der Nationalpark Paklenica und die Cetina-Schlucht die Zentren für Freeclimbing. Die 1600 m tiefen Karstschluchten Velika und Mala Paklenica bieten mit 72 steilen Stellen optimale Voraussetzungen. Besonders der 400 m hohe Felsen Anica kuk hat es den Kletterern angetan *(Auskunft: Tourismusverband Zadar Tel./Fax 023/731 51 07, www.zadar.hr)*. An den Steilhängen der Cetina-Schlucht, oberhalb von Omiš, sind etwa 50 Kletterrouten mit Ankern und sonstiger Ausstattung für Freeclimbing eingerichtet. *Auskunft: Tourist Info Omiš, Tel. 021/ 86 13 50*

Wassersport ist fast überall an der Küste möglich

Kletterer im Paklenica-Nationalpark

RADSPORT/ MOUNTAINBIKING

Der Radsport ist noch ein junger Sport in Dalmatien. Deshalb aufgepasst: Autofahrer rechnen auf den kurvenreichen Straßen nicht immer mit den langsameren Verkehrsteilnehmern und kommen ihnen beim Überholen manchmal bedenklich nahe. Bei einer organisierten Kreuzfahrt mit dem Fahrrad auf Mountainbikes werden Insellandschaften und die alten Dörfer von Korčula, Hvar, Brač und Mljet durchstreift. Am Ende jeder Route wartet die schwimmende Herberge, ein nostalgischer Motorsegler, der die Radler von Insel zu Insel trägt. *Auskunft: Kroatische Zentrale für Tourismus (Tel. 069/25 20 45, www.htz.de)*

RAFTING & KANUFAHREN

Glasklare Gebirgsflüsse, die zu Wildwassersportarten verlocken, sprudeln durch die Felsenschluchten in der kargen Karstlandschaft hinter der Küste. In Norddalmatien sind es die Wasserläufe der Krupa und der Zrmanja, in Mitteldalmatien bietet sich die Cetina an.

Rafting auf der Cetina [120 C2]
Zwischen Šestanovac und Zadvarje, im Hinterland von Omiš, beginnt die abenteuerliche Fahrt durch die Stromschnellen der Cetina. Ziel ist meist der beliebte Ausflugsort *Radmanove Milice*, Ausgangspunkt für Wanderungen in die waldreiche Umgebung. *Auskunft: Tourist Info Omiš, Tel. 021/86 13 50*

Kanu-Safari auf der Zrmanja [117 E5]
Im Kanu durch den tief eingeschnittenen Canyon der Zrmanja gleiten und ein erfrischendes Bad unter dem rauschenden Wasserfall Jankobića buk wecken Erinnerungen an Winnetou und Old Shatterhand. Die standen damals in dieser wilden Kulisse vor den Filmkameras. *Auskunft: Tourismusverband Region Zadar, Tel./Fax 023/ 731 51 07, www.zadar.hr)*

SEGELN & SURFEN

Windsurfing ist fast überall möglich. Surfausrüstungen und Surfkurse werden in den meisten Ferienorten angeboten. Wegen der kräftigen Mistralwinde am Nachmittag gelten der Pelješki kanal zwischen Korčula und Pelješac sowie das Zlatni rat bei Bol auf Brač als bevorzugte Reviere für Könner.

Die 48 Marinas entlang der kroatischen Küste und auf den Inseln verfügen über eine Kapazität von über 12000 Liegeplätzen für Sportboote. Hochburg der Sportschifffahrt ist Norddalmatien mit dem Kornati-Archipel. Auskunft bei der *Kroatischen Zentrale für Tourismus, Tel. 069/25 20 45, www.htz.de, oder der ACI (Adriatic Croatia International Club), M. Tita 151, 51410 Opatija, Tel. 051/27 12 88, aciclub@ri.tel.hr*

Insider Tipp

Intensiv-Segelkurse auf Murter **[118 B2]**

Der frühe Morgen beginnt mit Gymnastik, und nach dem gemeinsamen Frühstück sind die sechs Segelschulboote den Tag über auf See. Maximal 30 Schüler kann die *ANA (Adriatic Nautical Academy)* in die Wochenkurse für Anfänger, Fortgeschrittene und Skipper gleichzeitig aufnehmen. Übernachtet wird in einfachen Mehrbettzimmern in der Marina von Jezera auf Murter. Rechtzeitige Anmeldung empfohlen. *Auskunft: ANA, M. Tita 79, 51410 Opatija, Tel. 051/71 19 67, www.sailing-ana.hr*

Insider Tipp

Segel- und Windsurfkurse auf Korčula **[120 C4]**

An der Universität Zagreb leitet Prof. Dr. Goran Oreb den Lehrstuhl für Wassersportarten. In Korčula nennen ihn alle nur Goran. Von Juni bis September geben er und sein Team Kurse im Surfen (6 und 12 Tage) sowie im Segeln für Anfänger, Fortgeschrittene und Skipper (maximal 2–4 Personen). Am Strand vor dem Hotel Park hat die *Segelschule Oreb Club International* ihre Basis. *Tel. 020/71 10 43, www.oreb-sailing.hr*

TAUCHEN

In nahezu jedem Ferienort gibt es inzwischen Tauchbasen und Tauchschulen. Taucher benötigen einen Taucherausweis, der nur nach Vorlage einer Tauchqualifikation von den Tauchschulen ausgestellt wird (100 Kuna für ein Jahr). Die 10 besten Tauchlokalitäten Kroatiens sind im Internet beschrieben: *Kroatische Zentrale für Tourismus, Tel. 069/25 20 45, www.htz.de*

WANDERN

Interessante Wanderwege in schöner Naturlandschaft finden Sie auf den Inseln Brač, Hvar und Korčula, im Nationalpark der Insel Mljet und im Nordwesten der Halbinsel Pelješac. Auf dem Festland sind Wandertouren durch die Nationalparks Paklenica, Plitwitzer Seen und Krka sowie durch die Naturparks Velebit und Biokovo ausgeschildert. Für anspruchsvollere Bergtouren in unbekanntem Gelände empfiehlt sich ein ortskundiger Führer *(Adressen vor Ort bei den Tourist Informationen).*

Für den Höhenwanderweg Dalmacija, 120 km durch die Gebirge Mitteldalmatiens (Kozjak, Mosor, Biokovo), wo Sie noch selten gewordene Pflanzen finden, benötigt man rund sieben Tage. Die Wege sind einheitlich mit einem von einem roten Kreis umrandeten weißen Punkt markiert. Weitere Informationen erteilen die örtlichen Bergwandervereine. Geführte mehrtägige Wandertouren organisiert *Biokovo Active Holidays, K. Tomislava 2, 21300 Makarska, Tel. 021/61 16 88, www.biokovo-active-holidays.hr*

Der beste Spielplatz ist das Meer

Jede Menge Sonnenschein und sauberes, badewannenwarmes Wasser bieten ideale Voraussetzungen für einen Familienurlaub

Die meisten Kieselstein- und Felsenstrände der Dalmatinischen Küste sind von Schatten spendendem Grün eingerahmt. Sandstrände hat die Natur den Dalmatinern nur an vereinzelten, zumeist naturbelassenen Plätzen in bescheidenem Umfang beschert, beispielsweise in Lumbarda auf Korčula, in der Bucht Saharun auf Dugi otok oder um die Lagune vor dem Städtchen Nin. Die schönsten, seicht ins Wasser abfallenden Kieselstrände finden Sie entlang der Makarska Riviera. Gefahrlos plantschen die Jüngsten in den Kinderbecken der Ferienanlagen, die zu Spiel und Sportvergnügen – vom Malwettbewerb bis zur Minidisko – für alle Altersstufen animieren.

Wie in allen anderen mediterranen Regionen ist es in Dalmatien üblich, Kinder in Restaurants, Museen, Ausstellungen und auf Feste bis in den späten Abend mitzunehmen. Genießen Sie mit Ihren Kindern die lauen Sommernächte, und legen Sie lieber in der heißen Tageszeit ein dalmatinisches *pižolot* (Mittagsschläfchen) ein.

Seicht abfallende Strände machen aus jedem Kind eine Wasserratte

REGION ZADAR

Familienspaß in Zaton [116 C5]
Jeden Morgen um 10 und nachmittags um 15 Uhr treffen sich Kinder und Animateure auf der Terrasse vor dem Restaurant *More* zum gemeinsamen Mitmach-Ferienerlebnis am Strand, am Pool oder in der Anlage. Nach Sonnenuntergang stehen im Miniclub lustige Shows, Maskeraden und Piratenfeste auf dem Programm. Ob Wellen- oder Ponyreiten, Zaton erfreut sich aufgrund seines umfangreichen Sport- und Spielangebots gerade bei Familien großer Beliebtheit. *Holiday Village Zaton, 23232 Nin, Tel. 023/28 02 80, www.tel.hr/turist hotel-zd, 16 km nördl. von Zadar*

Ruderbootfähre Zadar [116 C5]
Wenn der Fährmann sich mit der kleinen Ruderbootfähre zwischen den großen ein- und auslaufenden Schiffen durchlaviert, stockt einem schon mal der Atem. Aber keine Angst, der Mann am Ruder übt das täglich viele Male, und ins Wasser fallen will er selbst ja auch nicht. Lassen Sie sich also das kleine Abenteuer, in Kroatiens einziger Ruderbootfähre über die Einfahrt

zum Hafen von Zadar zu schaukeln, keinesfalls entgehen.

REGION ŠIBENIK

Falknerei [118 C3]
Auge in Auge mit Adler, Falke, Bussard und Habicht: 18 Greifvögel sind ständig in der Obhut von Emilio Mendjušić in Kroatiens einzigem Falknerzentrum. Den Besuchern demonstriert Emilio seine tägliche Arbeit, z. B. die Fütterung der Tiere auf der von einem dicken Handschuh geschützten Hand. Ein prickelndes Gefühl, unter Aufsicht dem sich im Sturzflug nähernden Bussard die Beute selbst hinzuhalten. In der Taverne *Sleepyowl* können Kleine ihren Mut mit Cola, die Erwachsenen mit Schnaps begießen. *Auskunft: Tel./Fax 022/ 21 51 69, Dubrava Škugori, 7 km südl. von Šibenik*

Insider Tipp
Bauernhof der Familie Kalpić [118 C1]
Familie Kalpić führt ihre Gäste noch selbst auf dem Bauernhof im Hinterland von Šibenik herum, zeigt ihnen den Weingarten und die Feigenbäume, von denen sie naschen dürfen. Für Kinder ein herrlicher Platz zum Herumtollen auf der großen Wiese nebenan. Zum nächsten Sommer will Ivo neben einigen Spielgeräten vielleicht auch einen kleinen Esel zu Katzen, Hund, Schafen und Schweinen anschaffen. Die Gäste werden mit hausgemachtem Schinken und Schafskäse, mit frisch gebackenem Fladenbrot und selbst gekeltertem Wein traditionell bewirtet. *17 km nordöstl. von Šibenik abseits der Straße nach Knin im Dorf Radonić, Tel. 022/21 75 26*

REGION SPLIT

Baden in der Großstadt [119 E4]
Für all die schönen Kulturdenkmäler in Kirchen, Palästen und Museen oder die vielen Läden in den engen Gassen in der Altstadt von Split sind Kinder meist nicht lange zu interessieren. Wenn auch das versprochene Eis nicht mehr über aufkommende Langeweile hinwegtrösten kann, legen Sie eine Erholungspause am Badestrand oder im Wald ein. Vom Diokletianpalast gehen Sie zu Fuß etwa 20 Min. zum Stadtstrand Baćvice, einem respektablen Freizeitzentrum in einer seichten Kieselstrandbucht hinter den Fähranlegern. An die Westseite der Altstadt schließt sich der von Spazierwegen durchzogene Waldpark Marjan. In der Nähe des Aussichtpunktes Varoš befindet sich auch ein Spielplatz.

Muscheln aus aller Welt [120 C3]
Über 3000 Muschelarten sowie Schnecken und Weichtiere unterschiedlicher Größe, Form und Farbe aus allen Weltmeeren sind im Keller des Franziskanerklosters in Makarska zu bewundern – sogar Fleisch fressende Muscheln und der Gigant Dreizahn aus dem Pazifik, der bis zu 400 kg schwer werden kann. Nur nach Vereinbarung geöffnet: *Tel. 021/61 12 56 (Schwester Edita). Franjevački put 1, 10 Kuna*

REGION DUBROVNIK

Meeresaquarium Dubrovnik [122 B2]
Kraken haben acht Arme, Seepferdchen bewegen sich immer in aufrechter Haltung vorwärts, Rochen schweben wie fliegende Vögel ele-

Manche Ferienregion bietet viele Attraktionen für Kinder

gant durch das Wasser, Langusten und die schlangenartigen Muränen halten sich in engen Felsspalten versteckt. In 27 Aquarienbecken, eingebaut in die alte Festungsmauer, lassen sich die Bewohner der Adria in ihrem nachgestellten Lebensraum beobachten: Seeteufel oder Drachenköpfe, Seesterne, Seeigel und bunte Korallen. *D. Jude 2 (Festung Sv. Ivan, am alten Hafen), tgl. 9–18 Uhr, Erwachsene 15, Kinder 10 Kuna*

Schiffstour ab Dubrovnik **[122 B3]**

In der Sommerzeit startet das Linienfährschiff jeden Morgen um 9 Uhr (So 9.30 Uhr) seinen Rundkurs zu den Elaphitischen Inseln vom Hafen im Stadtteil Gruž. Eine Fahrt durch das blaue Wasser von einem kleinen Inselhafen zum anderen. Nach 1,45 Std. Fahrt legt das Schiff auf Šipan an und steuert um 11 Uhr zurück nach Dubrovnik. *Weitere Abfahrten siehe Fahrplan der Reederei Jadrolinija, Auskunft in deren Agenturen und bei den Touristinformationen*

Geschichten und Legenden aus Korčula **[120 C4]** Insider Tipp

Von den alten Kanonen an der Stadtmauer, der hl. Lucija und dem hl. Martin, vom mittelalterlichen Schwertertanz Moreška, von Marco Polo und seinen Abenteuern oder wie die Frauen von Korčula ihre Stadt vor den Türken verteidigt haben – davon wird Stanka Kraljević bei der Stadtführung für Kinder (auch auf Deutsch) erzählen. *So 10 Uhr, Dauer: 1 Std., 10 Kuna*

Bei einem geführten Spaziergang durch die Natur können Kinder die Plätze entdecken, wo Feigen, Zitronen und Weintrauben wachsen, wo sich Rosmarin, Oregano und Salbei ausbreiten und die Bienen den Honig aus deren Blüten sammeln. *Termine auf Anfrage bei der Tourist Information Korčula, Tel. 020/71 57 01*

Angesagt!

Was Sie wissen sollten über Trends, die Szene und Kuriositäten an der Kroatischen Küste

Hochzeiter mit Flagge

Ganz in Weiß mit einem Blumenstrauß: Jeden Samstagnachmittag finden in vielen Orten traditionelle Hochzeiten statt. Miterleben können Sie den feierlichen Hochzeitszug als Zaungast, z. B. vor dem Rathaus in Makarska, wenn die fein herausgeputzten, zu Akkordeonmusik singenden Gesellschaften weiter zum Traualtar ziehen – vorneweg immer eine kroatische Nationalflagge von beachtlicher Größe schwenkend.

Italienische Mode

Junge Dalmatinerinnen begeistern sich vor allem an der italienischen Mode, die in den Boutiquen größerer Städte und Ferienzentren zu saftigen Preisen angeboten wird. Tonangebend in Sachen neuer Trends in Dalmatien ist übrigens Split, die Stadt mit den vielen Schuhgeschäften. Der Volksmund sagt, die schönsten Mädchen Kroatiens kämen aus Split.

Männer mit Ohrring

Der goldene Ring im Ohrläppchen eines Mannes stammt noch aus der Tradition der Seefahrer. Für die Seeleute und Fischer war das Schmuckstück einst die Versicherung für eine würdevolle Bestattung für den Fall, dass ihr lebloser Körper irgendwann einmal irgendwo an Land geschwemmt würde.

Motorroller machen mobil

Vor allem junge Leute jonglieren auf den wendigen Zweirädern knatternd durch die engen Gassen der alten Städte. Es ist absolut trendy, auf diese Art mobil zu sein: Schließlich benötigen Motorroller wenig Parkraum und sind für schmale Brieftaschen gerade noch erschwinglich.

Vertreter der sanften Töne

Oliver Dragojević, der Barde mit der weichen Stimme, der sich selbst auf dem Piano begleitet, singt sich nun schon seit einiger Zeit mit anhaltender Popularität vor allem in die Frauenherzen. CDs des auf Korčula geborenen, heute in Split lebenden Sängers erhalten Sie überall in Kroatien.

Von Anreise bis Zoll

Hier finden Sie kurz gefasst die wichtigsten Adressen und Informationen für Ihre Reise an die Kroatische Küste

ANREISE

Flugzeug

Linienflüge gibt es aus Deutschland, Österreich und der Schweiz mit Croatia Airlines *(www.croatia-airlines.hr)* und internationalen Fluggesellschaften nach Zagreb und Split; Inlandflüge von Zagreb nach Zadar, Split und Dubrovnik; im Sommer Charterflüge direkt nach Split und Dubrovnik.

Bahn

Euro-City-Züge fahren aus Deutschland und Österreich nach Zagreb und Rijeka, nationale Züge nach Zadar, Šibenik und Split.

Schiff

Küstenlinie Rijeka–Split–Dubrovnik tgl.: Die Autofähren bedienen im Wechsel auch Dugi otok, Zadar sowie die Inseln Hvar, Vis, Korčula und Mljet. Autofährlinien von Italien: Ancona–Zadar, Ancona–Split-Insel Hvar–Korčula, Bari–Dubrovnik.

Auto

Für die Anreise über die Autobahn empfiehlt sich folgende Route: München – Tauernautobahn – Villach – Karawankentunnel – Ljubljana/Slowenien – Postojna – Rijeka/Kroatien – Adria-Küstenstraße bis Dubrovnik. Der geruhsame Nürnberg-Pyhrn-Adria-Reiseweg führt von Nürnberg über Regensburg, Passau, Wels, Graz, Maribor, Ljubljana, Zagreb, Plitvice nach Zadar und auf der Adria-Küstenstraße weiter bis Dubrovnik *(www.reiseweg-npa.de)*. Autoreisezug Zagreb–Split; Autoreisezüge (DB) ab Berlin, Düsseldorf, Hamburg, Hildesheim, Köln und Neu-Isenburg bei Frankfurt nach Villach in Österreich. Von dort ca. 3 Autostunden bis Rijeka. Ab Rijeka tgl. Autofähre nach Dalmatien *(www.hznet.hr.)*

Bus

Aus vielen größeren Städten in Deutschland, Österreich und der Schweiz fahren Linienbusse nach Zagreb, Rijeka und Split. Von dort haben Sie Anschluss an das sehr gut ausgebaute örtliche Busnetz Kroatiens. Reisen mit dem Bus ist preiswerter als mit der Bahn *(www.akz.hr)*.

AUSKUNFT VOR DER REISE

Kroatische Zentrale für Tourismus

Kaiserstr. 23, 60311 Frankfurt, Tel. 069/25 20 45, Fax 25 20 54; KZFT@gmx.de; Am Hof 13, 1010 Wien, Tel. 01/585 38 84, Fax

585 38 84 20, office@kroatien.at; Kroatien im Internet: www.htz.hr

AUSKUNFT IN DALMATIEN

Tourismusverband (Bezirk Dubrovnik-Neretva)
Cvijete Zuzorić 1/I, HR-20000 Dubrovnik, Tel. 020/41 33 01, Fax 41 37 45, tzzdu-ner@du.tel.hr

Tourismusverband (Bezirk Šibenik-Knin)
Fra Nikole Ružića, HR-22000 Šibenik, Tel. 022/21 90 72, Fax 21 23 46, www.summernet.hr

Tourismusverband (Bezirk Split-Dalmatien)
Prilaz braće Kaliterna 10, HR-21000 Split, Tel. und Fax 021/34 62 82 und 36 25 61, www.dalmacija.net

Tourismusverband (Bezirk Zadar)
Sv. Leopolda Mandića 1, HR-23000 Zadar, Tel. 023/31 51 07, Fax 31 53 16, www.zadar.hr

AUTO

Nationale Zulassung und nationaler Führerschein genügen. Die grüne Versicherungskarte ist für Schweizer Fahrzeuge vorgeschrieben. Wenn Sie nicht mit dem eigenen Fahrzeug nach Kroatien einreisen, benötigen Sie eine Vollmacht des Halters. Geschwindigkeitsbegrenzungen: innerorts 50 km/h, Landstraßen 80 km/h, Schnellstraßen 100 km/h, Autobahnen 130 km/h, Gespanne außerhalb von Ortschaften 80 km/h; Promillegrenze: 0,5; Schulbusse dürfen beim Ein- und Aussteigen der Kinder nicht überholt werden. Jeder Unfall muss der Polizei gemeldet werden, die eine Bestätigung des Schadens ausstellt; damit vermeidet man eventuelle Probleme bei der Ausreise. Kroatien hat ein gut ausgebautes Netz von Servicestationen und Tankstellen; alle Kraftstoffsorten sind ausreichend in EU-Qualität vorhanden. Sie sind preiswerter als in den meisten anderen europäischen Ländern. Die Autobahnbenutzung ist gebührenpflichtig. ADAC–Notruf: *Tel. 01/363 66 66* in Zagreb (deutschsprachig); kroatischer Pannenhilfsdienst HAK ist rund um die Uhr besetzt: *Tel. 987*

BANKEN

Es gibt keine einheitlichen Öffnungszeiten, meistens sind Banken Mo–Fr 7–15 Uhr, oft auch bis 20 Uhr geöffnet. In den Touristenorten finden Sie Geldautomaten, an denen Sie Bargeld mit der EC-Karte abheben können. Geldumtausch (Bargeld bis 1500 Kuna) ist auch in den Wechselstuben sowie an der Hotelrezeption möglich.

BUS

Eine Alternative für Ausflüge ohne Parkplatzprobleme: Das gut ausgebaute Linienbusnetz erreicht auch kleinere Ortschaften im Nah- und Fernbereich entlang der Küste und auf die Inseln. Die Autobusse verkehren häufig und regelmäßig zu niedrigen Fahrpreisen.

CAMPING

Außerhalb der dafür ausgewiesenen Plätze ist Camping und Übernachten in Wohnmobilen verboten. Von den 118 kroatischen Campingplätzen liegen die allermeisten an der Adriaküste. So manch schön gelegenes Areal direkt am Meer tröstet über mangelhafte Sanitäreinrichtungen hinweg. Kroatien investiert in seinen traditionellen Campingtourismus. In Dalmatien sind aber bislang erst wenige Plätze nach gehobenem internationalem Standard modernisiert *(www.camping.hr)*

Was kostet wie viel?

Kaffee	**70 Cent** in der Cafébar für eine Tasse Espresso
Eis	**1 Euro** für zwei Kugeln Eis
Wein	**1 Euro** für ein Glas Hauswein
Wasser	**1 Euro** für Mineralwasser
Benzin	**90 Cent** für einen Liter Super
Busfahrt	**10 Euro** 100 km Linienbus

DIPLOMATISCHE VERTRETUNG

Deutsches Generalkonsulat
Obala Hrvatskog Narodnog Preporoda 10, 21000 Split, Tel. 021/36 21 14

Österreichische Botschaft
Jabukovac 39, 10000 Zagreb, Tel. 01/483 44 59, Fax 483 44 61

Schweizer Botschaft
Bogovićeva 3, 10000 Zagreb, Tel. 01/481 08 91, Fax 481 08 90

EINREISE

Bei einem Aufenthalt von maximal 30 Tagen genügt für EU-Bürger und Schweizer der Personalausweis.

FÄHREN

Die regionalen Fährverbindungen zu den Inseln, die Küstenlinie Rijeka–Dubrovnik sowie die internationalen Fährlinien nach Italien und Griechenland werden maßgeblich von Schiffen der staatlichen Reederei Jadrolinija bedient. Im regionalen Liniendienst ist keine Platzreservierung möglich. Autofahrer sollten sich deshalb rechtzeitig vor Abfahrt des Schiffes in die Wartespur vor dem Anleger einreihen. Die Einschiffung beginnt 2–3 Std. vor der Abfahrt, in den Häfen unterwegs direkt nach Ankunft. Passagiere mit Reservierungen müssen sich mindestens 2 Std. vor Schiffsabfahrt im Hafenbüro melden, sonst erlischt die Verpflichtung der Reederei zur Beförderung *(passenger-dept@jadrolinija.tel.hr, www.jadrolinija.tel.hr/jadrolinija)*. Reservierungen bzw. Ticketverkauf: *DERTOUR, Tel. 01805/337666, www.dertour.de; Österreich: Österreichisches Verkehrsbüro, Tel. 01/58 80 05 45, www.verkehrsbuero.at; Schweiz: Consulich, Tel. 01/363 52 55, Fax 363 67 82*

FOTOGRAFIEREN

Grundsätzlich sollte man fremde Personen, die man ablichten möchte, vorher um Erlaubnis fragen. Fotomaterial gibt es überall, aber zu höheren Preisen als zu Hause.

GESUNDHEIT

Auf dem Festland und den größeren Inseln gibt es Apotheken und Deutsch bzw. Englisch sprechende Ärzte. Auf dem Archipel ist ein Arzt oft für mehrere Inseln zuständig. Die Adressen erfahren Sie in den Unterkünften, bei den örtlichen Vertretern der Reiseveranstalter oder in den Büros der Touristinformation. Wer regelmäßig bestimmte Medikamente einnimmt, sollte sie vorsorglich von zu Hause mitbringen. Der Auslandskrankenschein Ihrer Versicherung wird nicht immer akzeptiert. Dann ist die Behandlung bar vor Ort zu zahlen. Gegen Quittung erstattet Ihre Krankenkasse die Kosten in Höhe der in Deutschland üblichen Tarifsätze. Ratsam ist deshalb der Abschluss einer zusätzlichen privaten Reisekrankenversicherung, die auch den Krankenrücktransport abdeckt.

INTERNET

Der Umgang mit dem Internet ist in Kroatien weit verbreitet. Allgemeine Reiseinformationen zum Urlaubsland Kroatien stehen im Internet unter *www.htz.hr*. Außerdem sind viele regionale Feriengebiete und Hotelgesellschaften mit eigenen Seiten im Internet vertreten (siehe Ortsbeschreibungen).

Internetcafés finden Sie in allen Städten und den meisten Ferienorten.

LITERATUR

Literarische Texte zu Land und Leuten in der Serie »Europa Erlesen« vom Wieser-Verlag (Klagenfurt): »Dalmatien«; ein Klassiker, der teilweise in Dubrovnik spielt, ist Jules Vernes »Matthias Sandorf«; Marco Polos abenteuerliche Reise-

€	HRK	HRK	€
1	7,68	10	1,30
2	15,36	20	2,60
3	23,04	25	3,25
4	30,72	30	3,90
5	38,40	40	5,20
7	53,76	50	6,50
8	61,44	70	9,10
9	69,12	80	10,40
10	76,80	90	11,70

beschreibung aus dem 15. Jh. trägt den Titel »Von Venedig nach China«.

MIETWAGEN

Autovermietungen gibt es in allen größeren Ferienorten. Voraussetzungen zum Mieten eines Autos: Mindestalter des Fahrzeugmieters 23 Jahre und 3 Jahre Fahrpraxis. Für einen Mittelklassewagen zahlt man ca. 40 Euro pro Tag.

NOTRUFE

Polizei *(policija)* 92; Feuerwehr *(vatrogasci)* 93; Rettung *(hitna pomoć)* 94

ÖFFNUNGSZEITEN

Die Mehrzahl der Restaurants hat in der Hauptsaison von April/Mai bis Ende September von mittags bis abends durchgehend geöffnet. In der Nebensaison schließen viele Restaurants, Hotels und Museen.

POST

Die Öffnungszeiten der Postämter sind nicht einheitlich, meistens aber *Mo–Fr 7–19 Uhr, Sa 8–13 Uhr;* das Porto für Postkarten ins europäische Ausland beträgt *4 Kuna.* Postsendungen aus dem Ausland nach Kroatien sind mit dem Länderkennzeichen HR vor der fünfstelligen Postleitzahl zu versehen (Beispiel: HR-21000 Split).

REISEZEIT

Die Hauptsaison mit den höchsten Preisen in Hotels und Restaurants fällt auf die Monate Juli und August. Die schönsten Reisezeiten für die Dalmatinische Küste sind Mitte Mai bis Ende Juni, wenn der gelbe Ginster blüht, und der September, wenn die Sommerhitze abklingt, die Adria aber noch angenehme Badetemperaturen aufweist. Von Oktober bis April sind viele Hotels, Läden und Restaurants in den Feriengebieten geschlossen. Möchten Sie dennoch den ruhigen, dalmatinischen Alltag an der Küste im milden Winterklima erleben, suchen Sie sich am besten eine beheizbare Privatunterkunft.

TELEFON & HANDY

Kroatien hat sein Telefonnetz völlig modernisiert. Die Folge sind geänderte Telefon- und Faxnummern; sie sind in älteren Touristikbroschüren und Hotelkatalogen häufig noch nicht berücksichtigt. Nationale Telefonauskunft *988* für Teilnehmer im Ortsnetz, landesweite Auskunft *989.*

Internationale Ländervorwahl für Kroatien: *00385;* Vorwahl von Kroatien nach Deutschland *0049,* nach Österreich *0043,* in die Schweiz *0041.*

Cronet *(Vorwahl 098)* und Vipnet *(091)* betreiben in Kroatien ein nahezu flächendeckendes Mobilfunknetz. Beide Netzbetreiber haben Roamingabkommen mit den deutschen Netzen D 1 und D 2 (Vipnet auch mit Viag Intercom). Der Minutenpreis innerhalb Kroatiens liegt zwischen 10 und gut 20 Cent, nach Deutschland ca. 70 Cent. Dienste wie SMS werden von beiden Netzen unterstützt.

TRINKGELD

Gute Serviceleistungen sollte man im Restaurant mit etwa zehn Prozent des Rechnungsbetrages honorieren. Bewährte Regel: Wer dem Servicepersonal kurz nach der Ankunft mit einem angemessenen Trinkgeld die Arbeit versüßt, erntet die Früchte dieser Aufmerksamkeit während seines Aufenthalts im Hotel.

ZOLL

Zollfrei sind bei der Einreise Reiseproviant für den persönlichen Bedarf, 200 Zigaretten oder 50 Zigarren oder 250 g Tabak, 0,05 l Parfüm und 0,25 l Eau de Toilette, 1 l Schaumwein, 0,75 l Spirituosen. Außerdem dürden Sie Geschenke bis zu einem Wert von 50 Euro einführen. Bei der Wiedereinreise in die EU-Länder gelten unter anderem folgende Beschränkungen: 200 Zigaretten oder 100 Zigarillos oder 50 Zigarren; 1 l Spirituosen über 22 % oder 2 l Spirituosen bis 22 % oder 2 l Schaumwein und 2 l nicht schäumender Wein; 500 g Kaffee; 50 g Parfüm oder 0,25 l Eau de Toilette; sonstige Waren bis zu einem Gesamtwert von 175 Euro, sofern sie keine Goldlegierungen oder -plattierungen besitzen.

Wetter in Split

	Jan.	Feb.	März	April	Mai	Juni	Juli	Aug.	Sept.	Okt.	Nov.	Dez.
Tagestemperaturen in °C	10	11	14	18	22	27	31	31	26	21	16	11
Nachttemperaturen in °C	5	5	7	10	14	18	21	20	17	14	11	6
Sonnenschein Std./Tag	4	5	6	7	9	10	12	11	8	6	4	3
Niederschlag Tage/Monat	9	8	8	7	7	6	4	3	6	8	11	12
Wassertemperaturen in °C	13	12	13	14	17	21	23	24	22	19	16	14

Govoriš li hrvatski?

»Sprichst du Kroatisch?«
Dieser Sprachführer hilft Ihnen, die wichtigsten Wörter und Sätze auf Kroatisch zu sagen

Das Kroatische wird in der Regel so ausgesprochen, wie es geschrieben wird. Besonderheiten:

č – tsch wie in **Tsch**eche; **ć** – zwischen tch und tsch, etwa wie in Hü**tch**en;
š – stimmloses sch wie in **sch**ön.

Alle Vokale sind offen und müssen in jeder Stellung deutlich ausgesprochen werden. Bei Vokalverbindungen ist jeder einzelne Vokal hörbar: reuma = r-eu-ma.
Das Silben bildende **r** muss ebenfalls deutlich ausgesprochen werden: v**r**ba, K**r**k.
Die Konsonanten haben immer die gleiche Aussprache: le**d** – Eis (d, nicht t),
bo**g** – Gott (g, nicht k).

Zweisilbige Wörter werden auf der ersten Silbe betont, bei mehrsilbigen Wörtern haben wir die betonte Silbe durch einen Punkt gekennzeichnet.

Abkürzungen: *ugs* = umgangssprachlich; *f* = weibliche Sprecherin

AUF EINEN BLICK

Ja./Nein./Vielleicht.	Da./Ne./Možda.
Bitte.	Molim.
Danke.	Hvala.
Gern geschehen.	Vrlo rado.
Entschuldigung!	Oprọstite! Pardon!
Wie bitte?	Molim?
Ich verstehe Sie/dich nicht.	Ne razụmijem Vas/te.
Ich spreche nur wenig ...	Gọvorim samo malo ...
Können Sie mir bitte helfen?	Molim Vas mọzete li mi pọmoći?
Ich möchte ...	Htio (Htjela *f*) bih ...
Das gefällt mir (nicht).	To mi se (ne) sviđa.
Haben Sie ...?	Ịmate li ...?
Wie viel kostet es?	Kọliko stoji (*ugs* košta)?
Wie viel Uhr ist es?	Kọliko je sati?

KENNENLERNEN

Guten Morgen!	Dobro jutro!
Guten Tag!	Dobar dan!
Guten Abend!	Dobra večer!
Hallo! Grüß dich!	Halo! (*ugs* Bok!)
Mein Name ist .../	Moje ime je .../
Ich heiße ...	Zovem se ...
Wie ist Ihr Name, bitte?	Kako Vam je ime, molim?
Wie geht es Ihnen/dir?	Kako ste/si?
Danke. Und Ihnen/dir?	Hvala. A Vi/ti?
Auf Wiedersehen!	Do viđẹnja!
Tschüss!	Zdravo! (*ugs* Bok!/Adio!)
Bis bald!	Do skorog viđẹnja!

UNTERWEGS

Auskunft

links/rechts	lijẹvo/desno
geradeaus	ravno
nah/weit	blizu/dalẹko
Bitte, wo ist ...?	Molim Vas, gdje je ...?
Wie weit ist das?	Kọliko je to dalẹko?
Ich möchte für ... Tage/ eine Woche ... mieten.	Htio (Htjelạ *f*) bih za ... dana/jedan tjedan unạjmiti ...
... einen Wagen	... kola/auto.
... ein Motorrad	... motor/motocịkl.
... einen Motorroller	... skuter/vespu.
... ein Fahrrad	... bicịkl.
Zum Bahnhof.	Na k ọlodvor.

Panne

Ich habe eine Panne.	Imam kvar. (*ugs* defekt)
Würden Sie mir bitte einen Mechaniker/Abschlepp-wagen schicken?	Molim Vas da li biste mi pọslali meh ạničara/vučno vọzilo?
Wo ist hier in der Nähe eine Werkstatt?	Gdje ima u blizịni neka radiọnica?

Tankstelle

Wo ist bitte die nächste Tankstelle?	Molim Vas gdje je nạjbliža bẹnzinska stạnica?
Ich möchte ... Liter ...	Molim ... lịtara ...
... Super.	... sụpera.
... Diesel.	... dịzela.
... Bleifrei/Verbleit/	... bez ọlova/s ọlovom/
Voll tanken, bitte.	Nạpunite, molim.

Unfall

Hilfe!	Ụ pomoć!
Es ist ein Unfall passiert.	Dogọdila se nẹsreća.
Rufen Sie bitte schnell …	Molim Vas pozọvite brzo …
… einen Krankenwagen.	… vọzilo hitne pọmoći.
… die Polizei.	… polịciju.
… die Feuerwehr.	… vatrogạsce.
Haben Sie Verbandszeug?	Ịmate li pribor za prevịjanje?
Es war meine/Ihre Schuld	Bila je moja/Vaša krivịca.
Geben Sie mir bitte Ihren Namen und Ihre Anschrift/ Namen und Anschrift Ihrer Versicherung.	Dajte mi, molim Vas, Vaše ime i adrẹsu/ ime i adrẹsu Vašeg osigur ạnja.

ESSEN/UNTERHALTUNG

Wo gibt es hier …	Gdje se n ạlazi …
ein gutes Restaurant?	neki dobar restọran?
mit Hausspezialitäten?	s dọmaćim specijalitẹtima?
ein nicht zu teures Restaurant?	neki jeftịniji restọran?
Wo kann man hier in der Nähe gut/preiswert essen?	Gdje se može u blizịni dobro/jẹftino jesti?
Reservieren Sie uns bitte für heute Abend einen Tisch für vier Personen.	Molim Vas rez ẹrvirajte nam za veěras stol za čẹtiri ọsobe.
Auf Ihr/dein Wohl!	Nạ zdravlje!
Bezahlen, bitte.	Plạtiti, molim.

EINKAUFEN

Wo finde ich …?	Gdje mogu naći …?
eine Apotheke	ljẹkarnu, apotẹku
eine Bäckerei	pẹkaru
eine Drogerie	drogẹriju
Fotoartikel	fot ọpribor
ein Lebensmittelgeschäft	tṛgovinu nạmirnicama
einen Markt	tṛžnica

ÜBERNACHTEN

Können Sie mir bitte … empfehlen?	Molim Vas mọžete li mi preporụčiti …?
… ein gutes Hotel	… dobar hotel?
… eine Pension	… neki penzịon?
Haben Sie noch Zimmer frei?	Ịmate li još slọbodnih soba?

… für eine Nacht	… za jednu noć
… für eine Woche	… za jedan tjedan
… ein Einzelzimmer	… jẹdnokrevetnu sobu
… ein Zweibettzimmer	… dvọkrevetnu sobu
… mit Bad	… s kupaọnicom
… mit Blick aufs Meer	… s pọgledom na more
Was kostet das Zimmer mit …	Kọliko stoji/košta soba s …
… Frühstück?	… dọručkom?
… Halbpension?	… pọlupenziọnom?

PRAKTISCHE INFORMATIONEN

Können Sie mir einen guten Arzt empfehlen?	Mọžete li mi preporụčiti dobrog lijẹčnika?
Ich habe Fieber.	Imam temperatụru.
Ich habe Kopfschmerzen.	Boli me glava.
Ich habe Zahnschmerzen.	Imam zubọbolju.
Wo ist hier bitte …	Molim Vas gdje je tu neka …
… eine Bank?	… banka?
… eine Wechselstube?	… mjẹnjačnica?
Was kostet …	Kọliko stoji/košta …
… ein Brief …	… pismo …
… eine Postkarte …	… dọpisnica …
nach Deutschland?	za Njẹmačku?

ZAHLEN

0	nula, nịštica
1	jedan (jedna f, jedno n)
2	dva (dvije f)
3	tri
4	čẹtiri
5	pet
6	šest
7	sedam
8	osam
9	devet
10	deset
11	jedạnaest
12	dvạnaest
13	trịnaest
14	četṛnaest
15	pẹtnaest
16	šẹsnaest
17	sedạmnaest
18	osạmnaest
19	devẹtnaest
20	dvạdeset
21	dvạdeset jedan
22	dvạdeset dva
30	trịdeset
40	četrdẹset
50	pedạset
60	šezdẹset
70	sedamdẹset
80	osamdẹset
90	devedẹset
100	sto, stọtina
200	dvjesto, dvjesta
1000	tịsuća
2000	dvije tịsu´ce
10000	deset tịsu´ca
1/2	polọvina […]
1/4	četvṛtina […]

Reiseatlas
Kroatische Küste

Die Seiteneinteilung für den Reiseatlas finden Sie auf dem hinteren Umschlag dieses Reiseführers

Kartenlegende Reiseatlas

le Mans-Est 4 — Autobahn mit Anschlussstelle
Motorway with junction

Datum, Date — Autobahn in Bau
Motorway under construction

Datum, Date — Autobahn in Planung
Motorway projected

Raststätte mit Übernachtungsmöglichkeit
Roadside restaurant and hotel

Raststätte ohne Übernachtungsmöglichkeit
Roadside restaurant

Erfrischungsstelle, Kiosk
Snackbar, kiosk

Tankstelle, Autohof
Filling-station, Truckstop

Autobahnähnliche Schnellstraße mit Anschlussstelle
Dual carriage-way with motorway characteristics with junction

Straße mit zwei getrennten Fahrbahnen
Dual carriage-way

Durchgangsstraße
Thoroughfare

Wichtige Hauptstraße
Important main road

Hauptstraße
Main road

Sonstige Straße
Other road

Fernverkehrsbahn
Main line railway

Bergbahn
Mountain railway

Autotransport per Bahn
Transport of cars by railway

Autofähre
Car ferry

Schifffahrtslinie
Shipping route

Landschaftlich besonders schöne Strecke
Route with beautiful scenery

Routes des Crêtes — Touristenstraße
Tourist route

Straße gegen Gebühr befahrbar
Toll road

Straße für Kraftfahrzeuge gesperrt
Road closed to motor traffic

Zeitlich geregelter Verkehr
Temporal regulated traffic

15% — Bedeutende Steigungen
Important gradients

Kultur
Culture

★★ PARIS, ★★ *la Alhambra* — Eine Reise wert
Worth a journey

★ TRENTO, ★ *Comburg* — Lohnt einen Umweg
Worth a detour

Landschaft
Landscape

★★ Rodos, ★★ *Fingal's cave* — Eine Reise wert
Worth a journey

★ Korab, ★ *Jaskinia raj* — Lohnt einen Umweg
Worth a detour

Besonders schöner Ausblick
Important panoramic view

Ausflüge & Touren
Excursions & tours

Nationalpark, Naturpark
National park, nature park

Sperrgebiet
Prohibited area

4807 — Bergspitze mit Höhenangabe in Metern
Mountain summit with height in metres

(630) — Ortshöhe
Elevation

Kirche
Church

Kirchenruine
Church ruin

Kloster
Monastery

Klosterruine
Monastery ruin

Schloss, Burg
Palace, castle

Schloss-, Burgruine
Palace ruin, castle ruin

Denkmal
Monument

Wasserfall
Waterfall

Höhle
Cave

Ruinenstätte
Ruins

Sonstiges Objekt
Other object

Jugendherberge
Youth hostel

Badestrand · Surfen
Bathing beach · Surfing

Tauchen · Fischen
Diving · Fishing

Verkehrsflughafen
Airport

Regionalflughafen · Flugplatz
Regional airport · Airfield

Golfo di Trieste
TRIESTE
ITALIA
Múggia
S. Dorligo d.V.
Ankaran
Piran
Izola
Koper
Dekani
Portorož
Sečovlje
Šmarje
Sv. Anton
Savudrija
Katoro
Umag
Sveta Marija na Krasu
Lovrečica
Buje
Triban
Brda
Šterna
Gradin
Brtonigla
Grožnjan
Oprtalj
Dajla
Novigrad
Tar
Lanterna
Vižinada
Motovun
Karojba
Višnjan
Istra
Beram
Sv. Marija na Škriljinama
Pazin
Poreč
Plava Laguna
Zelena Laguna
Funtana
Vrsar
Baderna
Sveti Petar u Šumi
Koversada
Limski Kanal
Valalta
Rovinj
Sv. Katarina
Crveni Otok
Brajkovići
Polari
Dvagrad
Žminj
Krmed
Svetvinčenat
Barban
Bale
Barbariga
Juršići
Nacionalni Park Brijuni
Brijuni
Peroj
Fažana
Štinjan
Vodnjan
Loborika
Marčana
Nesactium
Kavran
PULA
Pula
Zlatne Stijene
Šišan
Uščovi Dvori
Ližnjan
Medulin
Premantura
Rakalj
Koromačno
Ravni
Štalije
Raša
Labin
Rabac
Plomin
Vozilići
Čepić
Šušnjevica
Pićan
Cerovlje
Borut
Vranja
Draguć
Buzet
Ćićarija
Sočerga
Hrastovlje
Slavnik
Rasušika
Obrov
Glavičorka
Vodice
Brest
Račja Vas
Vele Mune
Kozina
Klanec
Markovščina
Tatre
Ribnica
Kal
Pivka
Knežak
Ilirska Bistrica
Topolc
Harije
Podgrad
Starod
Rupa
Škalnica
Šija
Breza
Kastav
Matulji
Planik
Veprinac
Volsko
Opatija
RIJEKA
Lovran
Učka
Medveja
Mošćenička Draga
Rijeka Zaljev
Jadranska magistrala
Brseč
Zagorje
Brestova
Vela Vrata
Porozina
Beli
Srednja Vrata
Predošćica
Cres
Valun
Lubenice
Vransko Jezero
Orlec
Martinšćica
Vrana
Štivan
Zeča
Belej
Ustrine
Osor
Unije
Televrina
Nerezine
Sveti Jakov
Lošinjski Kanal
Punta
Vele Srakane
Male Srakane
Ćunski
Lošinj
Čikat
Mali Lošinj
Susak
Veli Lošinj
Ilovik
Kvarner
20 km
116

SLOVENIJA
HRVATSKA
D
E
F
Lož
Racna g.
Retje
Ribnica
Dolenja Vas
Šmuka
Podturn
Podstenice
Vavta vas
Dolenjske
Toplice
Trdinov vrh
Jugorje
Babno Polje
Leskova Dolina
Stara Cerkev
Grčarice
Kočevje
Visoki Rog
Lace
Semič
Metlika
Bušinja Vas
Snežnik
Čabar
Got. Snežnik
Kočevska Reka
Livold
Koprivnik
Vrčice
Gradac
Jurovski
Osilnica
Borovec
Štalcerji
Črnomelj
Griblje
Mali Lug
Kolpa
Banjaloka
Kupa
Jelenec
Stari trg
Adlešiči
Risnjak
Gorski Kotar
Nacionalni Park
Kuželj
Brod na Kupi
Brod Moravice
Marindol
Vinica
Platak
Drgomalj
Crni Lug
Skrad
Moravice
Zdihovo
Bosanci
Vukova Gorica
Gornje Jelenje
Mrzla Vodica
Delnice
J.Križ
Lokve
Kupjak
Severin na Kupi
Bosiljevo
Debeli Vrh
Ravna Gora
Vrbovsko
Ponikve
Lešće
Bakar
Fužine
Mrkopalj
Gomirje
Trošmarija
Generalski Stol
Kraljevica
Črišnjeva
Lič
Križišće
Voz
Jadranovo
Bjelolasica
Vrelo
Ogulin
Tounj
Perjasica
Omišalj
Grižane
Vinodol
Jasenak
Velika Kapela
Kačjak
Crikvenica
Bribir
Breze
Desmerica
Dobrinj
Šilo
Selce
Brezno Drežničko
Josipdol
Novi Vinodolski
Ledenice
Jadranska magistrala
Drežnica
Krk
Vrbnik
Vinodolski Kanal
Alan
Vrh Kapele
Kunić
Plaški
Punat
Krivi Put
Vodoteč
Jezerane
Makovnik
Plavča
Plavnik
Baška
Senj
Nehaj
Vratnik
Brinje
Ličko Jesenice
Stara Baška
Melnice
Žuta Lokva
Glibodol
Prvić
Brlog
Dabar
Sveti Juraj
Vrzići
Sveti Grgur
Velebitski Kanal
Javornik
Lukovo
Oltari
Velebitski Botanički Vrt
Kompolje
Škare
Mala Kapela
Goli
Švica
Otočac
Lopar
San Marino
Žalužnica
Supetarska Draga
Klada
Krasno Polje
Gorići
Prozor
Vrhovine
Kampor
Rab
Čorići
Sveta Eufemija
Starigrad
M. Rajinac
Babin Potok
Suha Punta
Mundanije
Rožanski Kukovi
Donji Kosinj
Barbat na Rabu
Alan
Stinica
Zaštitno područje
Vučjak
Lipovo Polje
Ramljani
Dolin
Mišnjak
Jablanac
Gornji Kosinj
Krš
Lun
Paški Kanal
Čanak
Štirovača
Bakovac
Bakovac Kosinjski
Studenci
Crni Padež
Kruščica
Gramače
Donje Pazarište
Lički Lešće
Lulići
Stara Novalja
Satorina
Perušić
Prizna
Klanac
Zigljen
Novalja
Pag
Cesarica
Lički Osik
Široka Kula
Kvarner
Kvarnerić
Velebit
Lika
Maunski Kanal
Zadar 4h
Zadar 6h
Brbinj 6h
Buzim
Ostrvica
Zubovići
Oštarijska Vrata
Baške Oštarije
Trnovac
Gospić
Kolan
Sušanj
Oruda
Petar
115
117
2004

A
B
C
1
2
3
4
5
6
115
118
116
Milohnići
Predošćica
Rijeka
Krk
Vrbnik
Vinodolski Kanal
Punat
Merag
Plavnik
Cres
Valun
Baška
Stara Baška
Senj
Alan
Krivi Put
Vodoteč
Vrh Kapela
Drežnica
Vratnik
Brinje
Žuta Lokva
Melnice
Brlog
Sveti Juraj
Vrzići
Vransko Jezero
Orlec
Prvić
Martinšćica
Vrana
Sveti Grgur
Lukovo
Oltari
Velebitski Botanički Vrt
Švica
Goli
Lopar
San Marino
Štivan
Belej
Supetarska Draga
Klada
Kampor
Rab
Krasno Polje
Gorići
Ustrine
Sveta Eufemija
Starigrad
M. Rajinac
Suha Punta
Mundanije
Barbat na Rabu
Rožanski
Donji Kosinj
Osor
Televrina
Stinica
Vučjak
Dolin
Kukovi
Zaštitno područje
Nerezine
Mišnjak
Sveti Jakov
Punta Križa
Trstenik
Lun
Jablanac
Štirovača
Bakovac
Kvarnerić
Lošinjski Kanal
Paški Kanal
Crni Padež
Ćunski
Gramače
Šatorina
Donje Pazarište
Lošinj
Oruda
Stara Novalja
Prizna
Pula
Čikat
Mali Lošinj
Zigljen
Novalja
Pag
Cesarica
Bužim
Susak
Veli Lošinj
Vele-Orjule
Male-
Zubovići
Karlobag
Oštarijska Vrata
Baške Oštarije
Ilovik
Sveti Petar
Kolan
Metajna
Sušanj
Cesarički
Škrda
Mandre
Šimuni
Mažurani
Maun
Silba
Olib
Pag
Lukovo Šugarje
Košljun
Gorica
Premuda
Silbanski Kanal
Olipski Kanal
Maunski Kanal
Povljana
Dinjiška
Veliko Blato
Rijeka-Brbinj 6h
Rijeka-Zadar 6h
Virsko More
Škarda
Ist
Lozice
Vir
Vlašići
Zapuntel
Molat
Tramerka
Privlaka
Vrsi
Nin
Mali Tun
Veli Tun
Sestrunj
Petrčane
Zverinac
Rivanj
Bokanjačko Blato
Veli Rat
Božava
Diklo
Ugljan
Dragove
Zadarski Kanal
Lukoran
ZADAR
Ancona-Zadar 7h, Ancona-Brbinj 6h
Brbinj
Preko
Savar
Bibinje
Veli Iž
Iž
Dugi Otok
Rava
Mali Iž
Kukljica
Ždrelac
Luka
Žman
Nevidane
Zaglav
Pašman
Sali
Lavdara
Stari Grad 6½h
Split 6h
Šibenik 3h
Golubovac
20 km

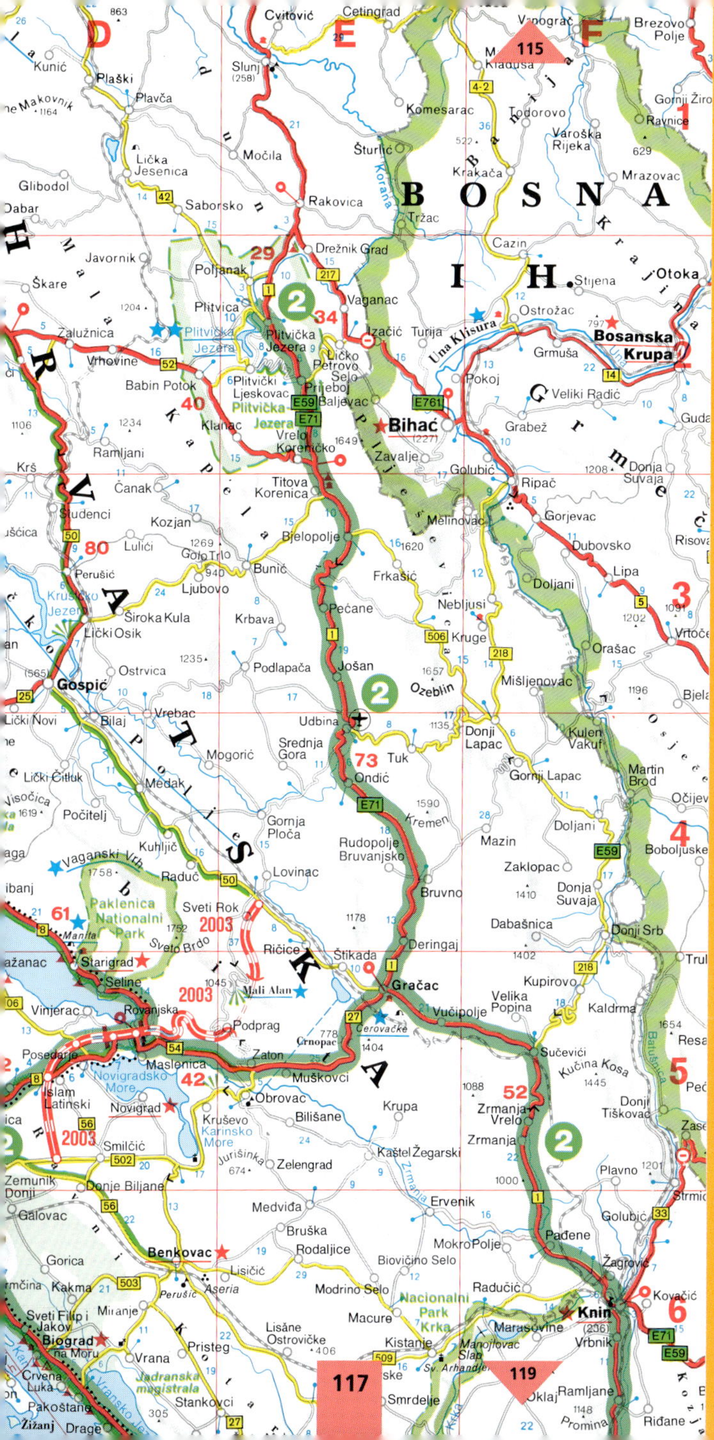
D
E
F
115
117
119
BOSNA
I H.
HRVATSKA
Mala Kapela
Lička Plješevica
Kordun
Banija
Krajina
Grmeč
Cvitović
Cetingrad
Vrnograč
Brezovo Polje
Kunić
Plaški
Makovnik
Plavča
Slunj
(258)
Komesarac
Kladuša
Todorovo
Gornji Žirovac
Ravnice
Lička Jesenica
Močila
Šturlić
Korana
Varoška Rijeka
Krakača
Mrazovac
Glibodol
Saborsko
Rakovica
Tržac
Dabar
Javornik
Poljanak
Drežnik Grad
Cazin
Škare
Plitvica
Vaganac
Stijena
Otoka
Zalužnica
Plitvička Jezera
Izačić
Turija
Ostrožac
Una Klisura
Bosanska Krupa
Vrhovine
Ličko Petrovo Selo
Grmuša
Babin Potok
Plitvički Ljeskovac
Prijeboj
Baljevac
Pokoj
Veliki Radić
Klanac
Vrelo Koreničko
Bihać
(227)
Grabež
Guda
Ramljani
Zavalje
Golubić
Ripač
Donja Suvaja
Krš
Čanak
Titova Korenica
Melinovac
Gorjevac
Studenci
Kozjan
Bjelopolje
Dubovsko
Risovac
Lulići
Golo Trlo
Frkašić
Lipa
Perušić
Bunić
Ljubovo
Doljani
Krušćica
Krušćičko Jezero
Široka Kula
Krbava
Pećane
Nebljusi
Kruge
Vrtoče
Lički Osik
Orašac
Ostrvica
Podlapača
Jošan
Ozeblin
Mišljenovac
Gospić
(565)
Bjelaj
Lički Novi
Bilaj
Vrebac
Udbina
Donji Lapac
Kulen Vakuf
Mogorić
Srednja Gora
Tuk
Gornji Lapac
Martin Brod
Lički Čitluk
Medak
Ondić
Očijevo
Visočica
Počitelj
Gornja Ploča
Kremen
Doljani
Mazin
Kuhljić
Rudopolje Bruvanjsko
Boboljuske
Vaganski Vrh
Raduč
Lovinac
Zaklopac
Bruvno
Donja Suvaja
Paklenica Nationalni Park
Sveti Rok
Dabašnica
Manita
Sveto Brdo
Ričice
Deringaj
Donji Srb
Štikada
Starigrad
Gračac
Kupirovo
Seline
Mali Alan
Velika Popina
Kaldrma
Vinjerac
Rovanjska
Vučipolje
Podprag
Crnopac
Cerovačke
Sučevići
Resanovci
Posedarje
Maslenica
Zaton
Kučina Kosa
Novigradsko More
Muškovci
Islam Latinski
Obrovac
Zrmanja Vrelo
Donji Tiškovac
Novigrad
Krupa
Kruševo
Karinsko More
Bilišane
Zrmanja
Smilčić
Jurišinka
Zelengrad
Kaštel Žegarski
Zemunik Donji
Donje Biljane
Plavno
Galovac
Medviđa
Ervenik
Strmica
Bruška
Golubić
Gorica
Rodaljice
Mokro Polje
Benkovac
Biovičino Selo
Pađene
Lisičić
Žagrović
Kakma
Perušić
Aseria
Modrino Selo
Radučić
Kovačić
Nacionalni Park Krka
Knin
(236)
Sveti Filip i Jakov
Miranje
Macure
Marasovine
Biograd na Moru
Lišane Ostrovičke
Kistanje
Manojlovac Slap
Vrbnik
Vrana
Pristeg
Crvena Luka
Jadranska magistrala
Sv. Arhanđel
Oklaj
Ramljane
Pakoštane
Vransko Jezero
Stankovci
Smrdelje
Krka
Promina
Riđane
Žižanj
Drage
Kosovo
E59
E71
E761
29
34
40
80
73
61
42
52
2003

ZADAR
117
Ugljan
Lukoran
Preko
Bibinje
Kanal
Murvica
Zemunik Donji
Zadar
Galovac
Sukošan
Kukljica
Veli Iž
Iž
Mali Iž
Ždrelac
E65
Krmčina
Gorica
Kakma
Žman
Sali
Neviđane
Pašman
Lavdara
Sit
Kraj
Tkon
Sveti Filip i Jakov
Biograd na Moru
Crvena Luka
Pakoštane
Drage
Žižanj
Golubovac
Žut
Pristanišće
Gangaro
Šliphate
Kornati
Levrnaka
Vrulje
Kornat
Nacionalni park
Piškera
Lavsa
Smokvica
Kurba Vela
Vrgada
Arta
Betina
Murter
Tisno
Latinski
Novigrad
Smilčić
2003
Donje Biljane
Karinsko More
Kruševo
Bilišane
Obrovac
Krupa
Kaštel Žegarski
Zrmanja
Zelengrad
Jurišinka
Medviđa
Ervenik
Bruška
Benkovac
Rodaljice
Biovičino Selo
MokroPo
Lisičić
Perušić
Aseria
Modrino Selo
Miranje
Macure
Lisane Ostrovičke
Pristeg
Vrana
Kistanje
Đevrske
Sv. Arhanđel
Jadranska magistrala
Vransko Jezero
Stankovci
Smrdelje
Roški Slap
Bogetić
Banjevci
Čista Mala
74
Putičanje
Gračac
Prokljansko Jezero
Visovac
Pirovac
Raslina
Skradin
Dubravice
Drniš
Zaton
Krka Slap
Lozovac
Konjevrate
Tribunj
Vodice
ŠIBENIK
155
Kaprije
Šepurine
Prvić
Tijat
Kakan
Zmajan
Zablaće
Zlarin
Solaris
Danilo Kraljice
Žirjanski Kanal
Žirje
Krapanj
Vrpolje
Brbinj 6½h
6h
Primošten
Kruševo
81
Rogoznica
Podorljak
Marina
Vinišće
Ancona 4-11h, Rijeka 10h
Mali Drvenik
Šoltanski
Ancona 10 h
JADRANSKO MORE
Svetac
305
Vis
Komiža
Titova
Podšpilje
Modra Špilja
Biševo
20km
1
2
3
4
5
6
B
C
H R V A T S K A
Ravni Kotari

BOSNA
I
H
DINARA
Dinara
Kozjak
Svilaja
Mosor
Troglav
Kamešnica
Livanjsko Polje
Staretina
Šator
Gnjat
Vaganj
Koni
Zagora
Promina
Moseć
Biokovo
Dalmatinska Zagora
Knin
Vrbnik
Ramljane
Kovačić
Žagrović
Pađene
Golubić
Strmica
Plavno
Donji Tiškovac
Zaseok
Bosansko Grahovo
Korita
Marinkovci
Veliko Tičevo
Malo Tičevo
Preodac
Rore
Stekerovci
Mlinište
Drag
Perduhovo Selo
Vagan
Medena Selišta
Pribelja
Dubrava
Halapić
Glamoč
Gornji-Peulje
Crni Lug
Uništa
Kijevo
Cetina
Bat
Riđane
Velušić
Vuković
Vrlika
Kazanci
Provo
Čelebić
Vidimlije
Lusnić
Priluka
Koljane
Bravčev Dolac
Peručko Jezero
Dabar
Donji Rujani
Djapića
Odžak
Siverić
Otavice
Drniš
Kričke
Ružić
Otišić
Maljkovo
Kljake
Donji Ljanjane
Pribude
Potravlje
Donji Biletić
Suhača
Livno
(808)
Grborezi
Zagor
Prolog
Srdjevići
Smrića
Bili Brig
Hrvace
Lipa
Grge
Obrovac Sinjski
Cera
Sitno
Ramljane
Gornji Muć
Sinj
Vrženala
Miši
Kladnice
Brštanovo
Neorić
Brnaze
Otok
Korita
Prisi
Lećevica
Gizdavac
Turjaci
Voštane
Buško Jezero
Prapatnica
Labin
Kraj
Jabuka
Kamensko
Konjsko
Trilj
Aržano
Klis
Dugopolje
Bisko
Budimir
Trogir
Kaštela-Stari
Salona
Split
Solin
Vranjača jame
Žrnovnica
Ugljane
Dobranje
Vir
Seget Donji
Okrug Gornji
Cista Velika
Studenci
Čiovo
Slatine
SPLIT
Srinjine
Gornji Dolac
Cista Provo
Lovreć
Veli Drvenik
Tugare
Gata
Blato na Cetini
Katuni
Prolog bla
Splitski Kanal
Krilo
Mirabela
Velika Gubavica
Šestanovac
Rogač
Omiš
Zadvarje
Krivod
Grohote
Stomorska
Sutivan
Supetar
Splitska
Postira
Grabovac
Šolta
Bracki Kanal
Ložišća
Brela
Zagvozd
Splitska Vrata
Milna
Škrip
Pučišća
Baška Voda
Nerežišća
Povlja
Gornji Humac
Sveti Jure
Brač
Vidova Gora
Murvica
Bol
Selca
Sumartin
Makarska
Gornji Tučepi
Tučepi
Hvarski Kanal
Starigradski Zaljev
Vira
Brusje
Stari Grad
Podgora
Hvar
Pakleni Otoci
Selca kod Stari Grada
Vrbanj
Jelsa
Vrboska
Hvar
Poljica
Igr
Zavala
Bogomolje
Korčulanski Kanal
Ščedrovski Kanal
Mostir
Šćedro
Korčula 4h Split-Dubrovnik 7-10h
Vela Luka 3h
Vela Luka 1¼h
Zelena Špilja
Neretvanski
Pelješki Kanal
Lovište
E71
E59
E65
1
6-1
15
33
56
60
62
65
26
38
45
126
52
111
113
114
115
116
220
39
8
511
119
120

119
A
B
C
1
2
3
4
5
6
Sitno
Kladnice
Gornji Muč
Sinj
Sinjski
Vržerala
Miši
Brštanovo
Neorić
Brnaze
Cetina
Otok
Korita
Koni
Lećevica
Gizdavac
Turjaci
Voštane
Buško Jezero
Prapatnica
Kraj
Jabuka
Labin
Kozjak
Konjsko
Dugopolje
Trilj
Kamensko
Klis
Bisko
Aržano
Trogir
Kaštela-Stari
Salona
Solin
Vranjača jame
Budimir
Seget Donji
Okrug Gornji
Žrnovnica
Ugljane
Cista Velika
Dobranje
Čiovo
Slatine
SPLIT
Zadar, Brbinj
Ancona
Srinjine
Gornji Dolac
Studenci
Cista Provo
Tugare
Gata
Blato na Cetini
Lovreć
Krilo
Katuni
Mirabela
Omiš
Velika Gubavica
Šestanovac
Splitski Kanal
Rogač
Grohote
Stomorska
Šolta
Sutivan
Supetar
Splitska
Postira
Bački Kanal
Zadvarje
Grabovac
Brela
Zagvozd
Ložišća
Škrip
Pučišća
Splitska Vrata
Milna
Nerežišća
Baška Voda
Gornji Humac
Povlja
Vidova Gora
Brač
Murvica
Bol
Selca
Sumartin
Makarska
Tučepi
Gornji Tučepi
Brbinj 6½h
Vis 2½h
Vis 2h
Starigradski Zaljev
Hvarski Kanal
Vira
Brusje
Stari Grad
Podgora
Hvar
Pakleni Otoci
Selca kod Stari Grada
Vrbanj
Vrboska
Jelsa
Zavala
Poljica
Vis 3h
Šćedrovski Kanal
Mostir
Šćedro
Bogomolje
Zelena Špilja
Korčulanski Kanal
Stari Grad 4h, Rijeka-Korčula 14-20h
Split-Dubrovnik 7-10h, Split-Korčula 4h
Pelješki Kanal
Lovište
Kučište
Vela Luka
Prigradica
Račišće
Potirna
Blato
Pupnat
Žrnovo
Brna
Smokvica
Korčula
Lastovski Kanal
Sušac
Kopište
Lastovo
Ubli
Skrivena Luka
Glavat
20 km

D
E
F
BOSNA I HERCEGOVINA
Tomislavgrad
Mandino Selo
Lipa
Brišnik
Raško Polje
Mesihovina
Poklečani
Tribistovo
Čitluk
Posušje
Imotski
Brocanac
Soviči
Grude
Runovići
Drinovci
Ružići
Imotsko Polje
Slivno
Kozica
Dole
Klobuk
Vitina
Ravča
Vrgorac
Grab
Veliki Prolog
Jadranska magistrala
Drvenik
Podaca
Gradac
Mali Prolog
Nova Sela
Baćinska Jezera
Ploče
Trpanj
Kuna Pelješka
Crkvice
Donja Banda
Potomje
Prizdrina
Sreser
Trstenik
Drače
Žuljana
Brijesta
Dubrava
Pelješac
Pižnovac
Opuzen
Metković
Narona
Čapljina
Trebižat
Kravica Slap
Ljubuški
Studenci
Međugorje
Čitluk
Blatnica
Hamzići
MOSTAR
Jare
Lištica
Donji Mamići
Kočerin
Gradac
Crnač
Britvica
Bogodol
Donja Drežnica
Striževo
Čabulja
Čvrsnica
Diva Grabovica
Blidinje Jezero
Vran Planina
Risovac
Doljani
Jablanica
Slatina
Ravnica
Jablaničko Jezero
Podhum
Stojkovic
Ostrožac
Orahovica
Konjic
Glogošnica
Prenj planina
Gornja Grabovica
Neretva-Klisura
Ravni
Potoci
Borci
Boračko Jezero
Gornji Zimlje
Vrapčići
Podvelež
Gnojnice
Blagaj
Velagić
Izvor Buna
Buna
Kruševo
Jasenica
Žitomislići
Rotimlja
Dabrica
Udrežnje
Hodovo
Domanovići
Crnići
Počitelj
Radimlje
Stolac
Deransko Jezero
Zaštitno područje
Svitava
Hutovo
Crnoglav
Predolje
Pocrnje
Spasovište
Mislina
Neum
Gradac
Duži
Trebišnjica
Luka
Metohija
Ston
Smokovljani
Čepikuće
Doli
Zavala
Ravno
Veličani
Popovo
Vjetrenica
Banići
Slano
Poljice Popovo
Majkovi
Šćenica
Broce
Mljetski Kanal
Goveđari
Polače
Mljet Nacionalni Park
Babino Polje
Sobra
Mljet
Korita
Jakljan
Šipan
Šipanska Luka
Lopud
Koločep
Trsteno
Grebci
Osojnik
Zaton
Moko Šica
Lapad
DUBROVNIK
Lokrum
Kupa
Bari 8h
121
122

A
B
C
121
Mislina
Neum
Gradac
Duži
Luka
Smokovljani
91
Čepikuće
Doli
Ston
Broce
Jadranska magistrala
Zavala
Ravno
Vjetrenica
Crnoglav
Hutovo
Ljubinje
Gradac
Veličani
Donji-Žabica
Mrkonjići
Popovo Polje
B O S N A
I H.
HRVATSKA
Slano
Banići
Majkovi
Poljice Popovo
Ščenica
Dobromani
Grebci
Osojnik
Trsteno
Šipan
Šipanska Luka
Jakljan
Korita
Lopud
Koločep
Zaton
Lapad
Moko Šica
Uskoplje
DUBROVNIK
Lokrum
Kupari
Srebreno
Mlini
Plat
Donji Brgat
Ljubovo
Taleža
Dražin Do
Trebinje
Čičevo
Lastva
Tuli
Konjsko
Staro Slano
Podvori
Mosko
Jasen
Dubočani
Petrović
Leotar
Orah
Bileća
Bilećko Jezero
Granica
Plana
Fatnica
Donja Meka Gruda
Kovači
Domaševo
Cavtat
Uskoplje
Dubrovnik
Čilipi
Pridvorje
Konavle
Dubravka
Gruda
Vrbanje
Jablan Do
Orjen
Mandići
Molunat
Igalo
Herceg-novi
Rose
Stravča
Grab
Snježnica
Jadranska magistrala
Boka Kotorska
Mljet
Korčula 3½h
Mljet 2 h
Bari 8 h
Ancona 16 h
Bari 9h
E65
E80
1
2
3
4
5
6
J A D R A N S K O
M O R E
20 km

JUGOSLAVIJA
CRNA GORA
SHQIPËRIA
Višnjića Do
Miljkovac
Bajovo Polje
Krstac
Donja Brezna
Duži
Donja Bukovica
Dobrilovina
Previš
Timar
Šavnik
Boan
Bistrica
Bužica
Mokro
Javorak
Gornje Dubočke
Donje Dubočke
Ravna Vlaka
Njegoš
Jasenovo Polje
Praga
Bijela
Strug
Krnja Jela
Sinjajevina
Presjeka
Gornje Polje
Gvozd
Ceranića Gora
Ljevišta
Redice
Donji Lipovo
Vir
Gornja Trepča
Velimlje
Granice
Babin Zub
Mioska
Grebice
Lukovo
Riječani
Kuside
Rubeži
Stožac
Crkvine
Rudine
Trubjela
NIKŠIĆ
Oblatno
Velje Duboko
Morača Manastir
Djurdjevina
Orlina
Kličevo
Kuta
Bršno
Medjurečje
Osječenica
Pusti Lisac
Bijele Poljane
Bogetići
Morakovo
Grahovo
Ostrog
Prekornica
Kula
Tuzi
Trešnjevo
Drenovštica
Mandići
Lijleva Rijeka
Ubli
Zagora
Viš
Morača-Klisura
Dragalj
Pišteti
Dobra Gora
Dolovi
Boljesestra
Orja Luka
Sekulići
Ubli
Ledenice
Čevo
Markovina
Danilovgrad
Crnci
Risan
Donji Orahovac
Duga
Kržanja
Perast
Dub
Lazarev Krst
Spuž
Kotorski Zaliv
Dobrota
Vukovići
Bioće
Korita
Prčanj
Orasi
Grbe
Dioclea
Ubli
Tivat
Kotor
Čekanje
Kruse
Gornja Gorica
Doljani
Stepov
Krstac
Dubovik
Orašani
PODGORICA
Tivat
Lovćen
Cetinje
Gornji Kokot
Dinoše
Seliště
Cijevna
Bigor
Dub
Nacionalni Park Lovćen
Lipska Pecina
Rijeka Crnojevića
Srpska
Morača
Podgorica
Tuzi
Majstori
Riječani
Stare
Lastva
Martinovići
Ljubotin
Golubovci
Bajraku Hotit
Božaj
Zagora
Žabljak
Goraj
Jaz
Bečići
Komarno
Bijelo Polje
Budva
Miločer
Vranjina
Podhum
Bajzë
Sveti Stefan
Gornji Brčeli
Virpazar
Flakë
Krstac
Bukovik
Seoca
Skadarsko Jezero
Petrovac
Buljarica
Šestani
Koplik
Limljani
Mišići
Liqeni i Shodrës
Grue
Tudjemili
Sutomore
Livari
Boboviště
Grill
Stari Bar
SHKODËR
(SCUTARI)
Rumija
Ckla
Bar
Dobra Voda
Ostros
Zogaj
Mide
Shirokë
Kunje
Kruta
Muriqan
Vladimir
Beltojë
Krute
Pistula
Obot
Trush
Kozr
Bunë
Bushat
Ulcinj
D. Štoj
Barbullush
Velika plaža
Malibardhë
Sveti Nikola
Pulaj
Ada
Kakar
Tara
Barice
Rudaci
Jelin Vrh
Sjenog
Banski Stanovi
Komarnica
E65
E80
E762
E851
125
50
187
35
42
91
55
45
60
98
D
E
F
1
2
3
4
5
6

In diesem Register sind alle in diesem Führer erwähnten Orte, Ausflugsziele und Stichworte verzeichnet. Halbfette Seitenzahlen verweisen auf den Haupteintrag, kursive auf ein Foto.

Schreiben Sie uns!

Liebe Leserin, lieber Leser,

wir setzen alles daran, Ihnen möglichst aktuelle Informationen mit auf die Reise zu geben. Dennoch schleichen sich manchmal Fehler ein – trotz gründlicher Recherche unserer Autoren/innen. Sie haben sicherlich Verständnis, dass der Verlag dafür keine Haftung übernehmen kann. Wir freuen uns aber, wenn Sie uns schreiben.

Senden Sie Ihre Post an die MARCO POLO Redaktion,
Mairs Geographischer Verlag, Postfach 31 51, 73751 Ostfildern,
marcopolo@mairs.de

Impressum

Titelbild: Blick auf Dubrovnik (R. Freyer)
Fotos: Autorin (17, 24, 39); A. Freyer (61, 68); R. Freyer (Umschlag l., Umschlag m., Umschlag r., 1, 2o., 2m., 4, 5m., 5r., 7, 9,10,12, 14, 18, 20, 22, 25, 26, 28, 33, 35, 37, 38, 40, 41, 42, 45, 46, 47, 48, 53, 54, 57, 58, 60, 62, 66, 69, 70, 73, 74, 78, 83, 85, 86, 88, 90, 92, 94, 96, 99, 100, 111; Mauritius: Thonig (6)

3., aktualisierte Auflage 2002 © Mairs Geographischer Verlag, Ostfildern
Herausgeber: Ferdinand Ranft, Chefredakteurin: Marion Zorn
Redakteurin: Andrea Sach, Bildredakteurin: Gabriele Forst
Kartografie Reiseatlas: © Mairs Geographischer Verlag/Falk Verlag, Ostfildern
Gestaltung: red.sign, Stuttgart
Sprachführer: in Zusammenarbeit mit dem Ernst Klett Verlag GmbH, Stuttgart, PONS Wörterbücher

Printed in Germany. Gedruckt auf 100% chlorfrei gebleichtem Papier

Bloß nicht!

Auch an der Kroatischen Küste gibt es Dinge, die man besser vermeiden sollte

Baden ohne Badeschuhe
An scharfen Felskanten oder Seeigeln auf dem Meeresboden kann man sich leicht beim Baden verletzen, deshalb am besten Badeschuhe tragen! Ist das Unglück einmal passiert, Seeigelstacheln sofort mit Nadel und Pinzette entfernen.

Bezahlen ohne Quittung
In den Gaststätten weist ein amtlicher Aushang in kroatischer Sprache darauf hin, dass sich der Gast die bezahlte Rechnung vom Wirt quittieren lassen muss. Die Quittung ist bis nach Verlassen des Lokales aufzubewahren. Andernfalls machen sich sowohl der Gast als auch der Wirt strafbar.

Bei Bora auf die Adria
Selten, nur etwa zweimal im Sommerhalbjahr, bricht aus zunächst noch heiterem Himmel die Bora, der kalte nördliche Fallwind, über den Küstengebirgskamm auf die Küste herein. Das Meer ändert plötzlich seine Farbe, der dann ablandige Wind bläst die Wellen vom Ufer weg, die Temperaturen sinken buchstäblich in Windeseile. Alle kleinen Boote sollten sofort geschützte Buchten anlaufen. Sogar das Fahren mit Wohnwagen kann während des starken Windes gefährlich werden. Nach zwei Tagen ist der Spuk meist vorbei.

Falsch parken
In der Hauptsaison auf Anhieb einen freien Parkplatz in den überfüllten Straßen der Städte und Ferienorte zu finden, kommt einem hohen Lottogewinn gleich. Sollten Sie endlich doch einen Platz erwischt haben, vergewissern Sie sich, dass er nicht im Parkverbot liegt. Falsch parkende Autos werden gnadenlos abgeschleppt. Ein Ausweg: Linienbusse und Taxis benutzen oder ein Stück zu Fuß gehen.

Politische Gespräche
Politische Themen sollte man nicht oder nur mit höchster Sensibilität und Verständnis für die Situation diskutieren. In Dalmatien, das mit dem jüngsten Krieg und seinen Auswirkungen in erheblich größerem Maße konfrontiert war als beispielsweise das nördlicher gelegene Istrien, ist das Kapitel Föderative Volksrepublik Jugoslawien und deren Zerfall noch längst nicht verarbeitet.

Regennasse Straßen
Bei einsetzendem Regen nur noch Schritttempo fahren: Der in den trockenen Sommerwochen angesammelte Staub verwandelt die Straßendecke in ein Schmierseifeparkett, das beim Bremsen wie Glatteis wirkt.